北大开放教育文丛

Education on the Dalton Plan
道尔顿教育计划
（修订本）

[美] 海伦·帕克赫斯特 (Helen Parkhurst) /著

陈金芳 赵钰琳 /译

武锡申 /校

北京大学出版社
PEKING UNIVERSITY PRESS

图书在版编目(CIP)数据

道尔顿教育计划 /(美)海伦·帕克赫斯特著;陈金芳,赵钰琳译. —修订本. —北京:北京大学出版社,2018.10
(北大开放教育文丛)
ISBN 978-7-301-29891-6

Ⅰ. ①道… Ⅱ. ①海… ②陈… ③赵… Ⅲ. ①道尔顿制—研究 Ⅳ. ①G424.22

中国版本图书馆 CIP 数据核字(2018)第 208689 号

书　　　名	道尔顿教育计划(修订本) DAO'ERDUN JIAOYU JIHUA (XIUDING BEN)
著作责任者	[美]海伦·帕克赫斯特　著　陈金芳　赵钰琳　译 武锡申　校
责任编辑	王明舟　张亚如
标准书号	ISBN 978-7-301-29891-6
出版发行	北京大学出版社
地　　　址	北京市海淀区成府路 205 号　100871
网　　　址	http://www.pup.cn
电子信箱	zyl@pup.pku.edu.cn
新浪微博	@北京大学出版社
电　　　话	邮购部 010-62752015　发行部 010-62750672 编辑部 010-62753056
印　刷　者	三河市北燕印装有限公司
经　销　者	新华书店 890 毫米×1240 毫米　A5　6.5 印张　188 千字 2005 年 11 月第 1 版 2018 年 10 月第 2 版　2022 年 7 月第 4 次印刷
定　　　价	38.00 元

未经许可,不得以任何方式复制或抄袭本书之部分或全部内容。
版权所有,侵权必究
举报电话:010-62752024　电子信箱:fd@pup.pku.edu.cn
图书如有印装质量问题,请与出版部联系,电话:010-62756370

译 者 序

2000年10月,美国道尔顿学校的理查德·布卢姆索(Richard M. Blumenthal)校长应北京大学附属中学校长赵钰琳之邀,参加了由北京大学附属中学主办的"世界著名中学校长论坛",作了题为"道尔顿计划在21世纪中的角色"的主题报告。报告介绍了道尔顿学校的教育理念及方法、发展历史及成就,认为道尔顿教育对于21世纪仍然具有启发作用和指导意义。译者有幸获赠《道尔顿教育计划》英文原著一本(1994年重印版),深为书中的内容所触动,遂于工作之余进行翻译。

美国道尔顿学校创办于1919年,是由海伦·帕克赫斯特(Helen Parkhurst)女士创办的一所12年一贯制私立学校。长期以来,道尔顿学校是美国中小学实施素质教育的典范,是美国当前颇负盛名的学校,也是一所颇具国际影响的学校。它创造了连续30多年其毕业生全部被哈佛、耶鲁等名校录取的奇迹,其毕业生具备高度的创造力、想象力和意志力等优秀品质,深受美国父母的赞许和美国社会的欢迎。美国权威杂志《时代》周刊盛赞道尔顿学校为"哈佛熔炉",美国权威主流媒体《今日美国》称其为"天才教育的殿堂"。

美国道尔顿学校曾是美国进步教育运动的典型,但它所遵循的原则又不同于后来受到较多批评的进步教育运动的极端原则,即所谓"儿童中心论"原则。"儿童中心论"对传统教育一味摈弃,否认学生有被正确引导的可能及教师应有的主导作用,主张对学生放任自流。美国道尔顿学校对传统教育采取"扬弃"的态度,即有所突破,有所发展,又有所保留。因而,道尔顿计划除了充分体现当时的新教育思潮以外,还是一种具体的"较稳健的、较少冒险性的"教育改革方案。

道尔顿学校声名卓著的奥秘在于其独特的教育理念和训练方

法。道尔顿学校遵循的基本理念是自由与合作。所谓自由,是指让学生拥有尽可能多的自由时间和自由意志,让他们在教师的指导之下相对自由地支配学习时间、选择学习科目、选择适合他们自己的学习速度等,但这种自由并非放任自流,而是有组织有纪律前提下的自由;所谓合作,亦可称之为群体生活的互动,指培养学生良好的社会适应能力、善于与他人共处的能力。这里所说的合作,包括学生之间的合作,也包括学生和教师之间的合作。在这种合作关系中,学生是教与学的主体,教师是学生的助手和朋友,这种合作关系使教师和学生均得以提升和发展。道尔顿计划正是立足于激发学生身上的自立和主动精神,便于学生个性的塑造,便于发展学生的创造才能。

道尔顿学校的训练方法包括三根独具特色的支柱:学科教室(Laboratory)、研究课题(Assignment,或称之为目标明确的功课任务)和学生之家(House)。学生之家与传统意义上的"教室"概念有所不同,是指将学生分成小组的系统。在这里,不同年级、不同水平的孩子们可以一起讨论学校中或世界上发生的一些事情。在学生之家的小组讨论与在学科教室解决问题的小组协作,都是为了增进学生的公民概念而采取的一种措施,以弥补道尔顿计划中强调个人主义的不足。

与其他许多改革者一样,帕克赫斯特强烈反对刻板、专制、以教师为中心的教育,这种旧教育模式是从19世纪传承下来的。她的计划中最惊人的革新是用"学科教室"代替传统的教室。在她提出的系统中,学生应该在教师的指导之下接受和承担较为长期的学习任务,主要体现为每个科目一个月的学习任务。她认为,当学生了解一个月要完成什么任务后,他们将会很快学会安排他们的时间,根据他们的个人兴趣进行学习。学生不再需要听铃声、按课表上课,他们可随自己的兴趣进行某门课程的学习,自己可以在任何时候进入他们最感兴趣的学科教室,在教师的帮助下与其他学生一起学习。一个学科教室就是一门学科的博物馆,从每个年级的教材、教辅材料到教辅工具等应有尽有。主持学科教室的教师必须是专家型教师,他必须具备该门学科深厚而广博的知识基础,并能为每个年级的学生提供教学辅导。学校采用学分制来标示学生的学习情况，学生可以根据自己的兴趣，在任何时间、以适合自己的速度来取得某一门功课的学分。

在某种程度上，道尔顿计划是建立在动机心理学基础之上的。帕克赫斯特认为，孩子的天性是好奇的和好学的，当他们天生的好奇心被激发的时候就是他们学习的最好时候。她认为他们的兴趣不能也不可能被时钟牵着走。她认为，从学术或者文化的角度来看，当学生在学习任何吸引他的科目的时候，必须让他自由地继续他的学习而不被打断，因为当他感兴趣时，他就会头脑敏锐、思维更加活跃，更有能力征服在他学习过程中可能产生的任何难题。在新方式下，不会有铃声在指定的时间勉强将其拉开，根据教学的要求，强加给他另一门课程和另一个教师。

在道尔顿计划之下，学生可以自由地在学校里追求他们自己的爱好，但到月底，学生应该完成教师布置的每门学科的学习任务，并用卡片标出完成任务过程中每个阶段的情况。此外，帕克赫斯特在学科领域还保留了传统的规则，并保留了课程的权威性。她认为，应当把学习中的问题直接放在学生面前，并指出必须达到的标准，允许学生以自己的方式和速度解决问题，只要他们觉着合适。学生对结果的责任心不仅会发展他们潜在的智力，还会发展他们的判断能力和个性。

这样，除了为学生最大限度地增加其活力和兴趣提供基础，道尔顿计划还欲对学生进行个性塑造。通过学习安排时间和与其他学生在学科教室环境中相互合作，孩子们将学会自我约束。此外，学校环境还将试图复制真实的生活体验，任务的重点将是解决问题，而不是在教师指导下的死记硬背。

帕克赫斯特认为，在孩子开始面对青年和成年的各种问题之前，在童年时代就必须加强孩子解决问题的能力。只有当教育被设计为给予他这样的自由和责任，并允许他为了自己而独立地处理这些问题时，他才能达到这一步。经验恰恰就是这种东西，没有它就谈不上个性的发展；没有个性，各个年龄段遇到的问题都不能得到令人满意的解决办法。孩子受到我们教育体制、规章制度的桎梏和阻碍，将不会得到任何形式的经验。他既学不会解决自己的困难,也学不会解决与自己同伴的接触中产生的困难。她认为,经验对于孩子的价值简直是怎么估计也不会过分的。较之其他方式,它也能够测试个体的道德和智力结构。它塑造和锤炼孩子的思想,使他的判断力增强且更为敏锐;与此同时,当个体和其他个体发生联系时,它会教给他最最重要的课程——自律。群体意识产生于这种社会经验。只有把这种经验引进到孩子们的日常生活中,学校生活才能恢复曾经失去的热忱、追求和兴趣。她的最终目标,简单地说就是"让学习变得像游戏一样吸引人,让教育像游戏一样寓教于乐,最终造就无畏的人类,使他们拥有最宽广而敏锐的理解力,这是我们的理想"。

帕克赫斯特所著的《道尔顿教育计划》一书,全面阐述了道尔顿学校所遵循的教育理念与方法,也是对美国20世纪20年代以来出现的一种卓有成效的教学组织形式的总结与概括。自20世纪20年代以来,此书已被译为10多种文字。早在1924年,我国也出版了一个中译本(只翻译了部分内容),并在一定范围内进行了教育实验。但由于当时我国既不具备相应的社会文化基础,也不具备经济基础,加上效仿者的生搬硬套,实验效果并不理想。可以这么说,真正触及教育观念和教育模式的改革,我国比美国至少晚了60年,我国自20世纪80年代开展的教育改革与美国20世纪20年代的教育改革有着十分相似的背景和内容。

道尔顿学校的前任校长理查德·布卢姆索校长在"道尔顿计划在21世纪中的角色"一文中指出,明天的学校将与20世纪20年代的学校截然不同,但奇怪的是,我们当今所处的时代却与当年有着许多相似之处,因此,他希望,一些20世纪初创造的基础概念和原则也能成为21世纪学校的指导。他山之石,可以攻玉,道尔顿学校的教育理念与方法的确能为我国当前的教育改革和发展提供有效的方法论借鉴,主要有以下几点缘由:

第一,道尔顿计划产生的背景与我国始于20世纪80年代的教育改革——倡导素质教育的背景极其相似!第一次世界大战以后,美国的经济、文化飞跃发展,教育亦有较大发展,但教育的滞后与弊端也有目共睹:刻板、专制、以教师为中心的教育使学生只能静坐听讲,呆读死背,这造成了学生能力的低下与创造力缺失。然而,国家要面对迅速工业化和人口都市化快速增长所引发的实际问题,人们普遍感到要有新型学校以新的教学方式满足新时代对公民素质和人才的要求。当前,我国进入了全面建设小康社会、加快推进社会主义现代化建设的新阶段。经济和社会的转型与发展必然对教育提出新要求。国家的富强,民族的复兴,越来越依赖于高素质的劳动者和大量的创新人才,越来越依赖于教育的质量和效率。但由于种种原因,我国目前的教育仍然积弊重重,主要表现在为"应试"而教、为"应试"而学,改革势在必行。既然两国不同时代的教育改革具有极其相似的背景,那么,别国已经卓见成效的教育理念、方法及经验就必有可以借鉴之处。

第二,道尔顿计划所倡导的教育目标与我国素质教育倡导的目标几乎一致:强调让学生得到全面发展、主动发展与生动活泼地发展。第三次全国教育工作会议以来,我国党和政府明确提出要全面推进素质教育,并提出要把培养学生的创新精神和实践能力作为素质教育的重点。然而,如何落实素质教育?如何培养学生的创新精神和实践能力?这是摆在广大教育工作者面前的重大课题。目标是行为的方向和指南,既然目标近乎一致,那么行为方式就必然可以借鉴。

第三,道尔顿教育计划与我国新课程改革提出的自主学习、合作学习、探究式学习教改要求完全一致。道尔顿教育以促进学生自主学习为主要特征,合作学习、探究式学习是其常态方式。更重要的是,道尔顿教育计划将学生的自主学习、合作学习、探究式学习方式落到了可操作层面上,创造性地提出了一套独具特色的教学组织形式或教学组织制度,学生可以根据自己的兴趣与学习速度进行选课走班,甚至不受铃声的限制,给予学生较大的学习选择性与主动性。也就是说,学校根据学生自身的天赋、基础、兴趣以及周围环境对他(她)的影响等因素,对他(她)进行量身定做,让他(她)成为一个能够达到其最佳水平的人。

第四,道尔顿计划的亮点与素质教育的重点正巧吻合。道尔顿计划的亮点在于十分注重培养学生的创造能力。正如作者所言:"我所贡献出来的,不过是发展教师和学生创造能力之教育的初步。"道尔顿学校不仅能使资质优秀的学生得到充分发展,也能使资质平常的学生得到超水平发挥,甚至成为天才学生。其秘密就在于他们注重发掘孩子的潜能,培养孩子的自信,使其成为一个独特的、无可替代的、充满创造力的人。

总之,道尔顿教育计划是一种培养高素质人才的行之有效的教学组织方式。在这个计划之下,学生能自由翱翔于知识的海洋,能充分发掘自身的潜能,能具备一定的合作精神。当您阅读《道尔顿教育计划》一书的时候,一定不会觉得它是遥远的和空洞的,它所述说的思想和事件就在您的身边,无论您是校长、教师或是家长,您一定会从中受到诸多启迪甚至恍然大悟。对于我国的教育改革来说,道尔顿教育计划必定是一种可资借鉴的、颇有成效的思路与方法。

为了更深入地了解道尔顿教育的最新发展,译者陈金芳博士曾三次特地到《道尔顿教育计划》的发源地——美国道尔顿学校做了考察,参加了两届国际道尔顿教育协会举办的国际道尔顿教育大会,并成为国际道尔顿教育协会的专家组成员;译者赵钰琳教授牵头组建了北京大学老教授协会基础教育研究与发展中心,成立了由国内外专家组成的道尔顿教育专家委员会,致力于将道尔顿教育理念和方法运用于中国的教育实践,并将二者的结合作为重点课题和发展项目加以研究,以期促进中国的教育改革和发展。国际道尔顿教育协会对译者在中国传递和推动道尔顿教育理念和方法做出的努力和贡献,给予了充分的肯定和感谢。

自《道尔顿教育计划》中译本出版以来,受到教育界的广泛关注。许多中小学校长、教师、家长和教育专家更加重视《道尔顿教育计划》传递的培养高素质创新人才的理念和方法,受其启迪涌现出了一大批教改代表性学校,诸如北京大学附属中学、北京十一学校、清华附小、上海复旦附中、吴淞中学等,他们在教学实践中借鉴道尔顿教育理念和方法,取得了令人瞩目的教学成果。

《道尔顿教育计划》不愧为一本教育学名著,作者的思想机敏而深刻,笔调流畅而生动,加上所涉学科不下10余种,且写作年代久远,使得翻译工作难度较大。由于译者的水平和见识有限,译文中的缺点与错误在所难免,敬请读者批评指正。

  本书的分工是:陈金芳(中国教育科学研究院),负责本书文字部分的翻译工作;赵钰琳(北京大学),负责本书的结构安排、书中部分图表的制作及联系授权与出版过程中的联络工作;武锡申(中央编译局),负责全书的审读与定稿工作。

  在本书中译本自首次出版以来已印刷九次,我们衷心感谢甘维珍(Kamsky)公司的董秀莉女士、道尔顿学校的前校长布卢姆索先生、埃伦·斯坦(Ellen C. Stein)女士和现任校长吉米·贝斯特(Jim Best)先生,他们对本书的翻译与出版工作给予了真诚的鼓励和帮助。此外,湖南大学的陈晓湘女士对本书的翻译工作多有赐教;中国教育科学研究院的龚亚夫先生、国际道尔顿教育协会区域协调员时慧敏女士对本书的修订提出了宝贵意见,在此一并致谢。

译者 陈金芳 赵钰琳
2020 年 9 月

目 录

译者序 …………………………………………………………（1）
导　言 …………………………………………………………（1）
第一章　道尔顿实验室计划的起源 …………………………（6）
第二章　道尔顿计划的原则 …………………………………（15）
第三章　道尔顿计划的实施 …………………………………（24）
第四章　道尔顿计划的应用——一个具体的例子 …………（31）
第五章　如何布置作业 ………………………………………（38）
第六章　作业布置实例 ………………………………………（46）
第七章　学习进步的测评方法——图表法 …………………（88）
第八章　教与学 ………………………………………………（99）
第九章　一所英国中学实施道尔顿计划的年度报告 ………（113）
第十章　适用于小学的道尔顿计划 …………………………（126）
附录一 …………………………………………………………（144）
　　附录Ⅰ　英国小学曾经使用的作业布置方案 …………（144）
　　附录Ⅱ　斯垂瑟姆县中学使用的作业布置方案 ………（162）
　　附录Ⅲ　英国小学校长和学生对道尔顿计划的
　　　　　　一些看法 …………………………………………（174）
附录二 …………………………………………………………（181）
　　附录Ⅰ　道尔顿计划在 21 世纪中的角色 ………………（181）
　　附录Ⅱ　道尔顿制对我国当前中小学教改的
　　　　　　契合与启迪 ………………………………………（187）

导　言

伦敦大学教育系　T.P.纳恩教授

教与学是互相联系的活动，自人类社会有史以来，人们就一直在进行。在这本书中，海伦·帕克赫斯特小姐考察了如何使它们相互之间调试得最好，并对这个问题给出了明确的答案。

对包括教师及外行人在内的许多人来说，这样的探寻和答案在今天会被认为是多余的。难道人们对教什么与学什么还知道得不够吗？难道讨论这样简单的问题不是肯定会成为那种冗长的文字练习吗？而这种取悦学究和怪人的文字练习难道不是明智之人所鄙夷的吗？对于这些反对意见，只要这样回答就够了：问题并不那么简单，因为，关于这一问题，过去一直存在，现在也仍然存在广泛的和重大的意见分歧。因此，一种在实践精神指引下——这种精神激发了下面的文字——进行的新的论争必然是有益的——如果这一论争只是激发我们去重新审视已经为人们所接受的观念和使我们恢复对它们的合理性的信心的话。正如威尔先生所说，与生活中其他艺术一样，在教育领域，要使进步永不终结，常常需要对方法论进行质疑。

教与学的关键问题可以这样来表述：在教师和该教的内容之间，能动性与责任感应该怎样平衡？显然，得到的答案取决于学生对待学习的自然态度，他对自身需要（有意识或者无意识）的洞察和他满足自身需要的意志力。在这些问题上，非常悲观的观点一度居于统治地位。人们认为，某个孩子不可能知道什么对他是有益的，在不情愿得像蜗牛一样磨磨蹭蹭到达学校之后，在那里学习的东西都是他不得不学的。这样，能动性和责任心几乎全部属于教师。不仅由他们来决定教什么，而且由他们来决定学什么、怎么学和什么时候学。在这件事情上，学生只是被动地去完成任务的，或者——若没能完成任务——就被认为是懒惰、蠢笨和不听话,而受到相应的处罚。这种理论事实上并不否认孩子们具有天生的兴趣和有热情去追求兴趣,但它把学生视为教师的敌人,而不是朋友。"去看看布吉和托德在干什么,告诉他们不要干",这表现了对年轻人能动性的一般态度。至于学校教育中的学习问题,它的工作假说是这种观念:孩童的心灵就像一块刮得干干净净的蜡板,以便接受教师想要刻在上面的那些东西,或是一个空空如也的容器,以便由教师选择装入若干加仑的"事实"。

现在,这种过于极端的看法在任何负责任的地方却很难找到了。即使是对学校抱有非常恶劣印象的萧伯纳先生,也不否认孩子们在学校常常比在校外要快乐得多。毫无疑问,他们比以前更快乐一些,在学校里过得也更有益一些。这是因为,现代的教师可以说是已经正式承认了孩子天生的能动性,在对孩子的生活的管理中,在一定程度上允许他们成为合作者——一句话,是因为狄更斯笔下的"卡脖子"先生的的确确死了![1] 然而,在两种制度并存的情况下——这两种制度加在一起体现了他的教育哲学本质,玩世不恭的犬儒主义者们可能认为,他阴魂不散,并将继续存在。这两种制度就是传统的学校课时表和传统的班级教育体系。因为,课时表源于这样的假说,即在学生的学校生活中,教师应该规定他的学生每一个小时中应当做什么;而班级体系源于这样的信念,即教师可以忽视那些把不同人的头脑区别开来的种种行为方式,把25个人的头脑(或者100个)当作一个人的来对待。

可能有人会辩护说,即使一种制度的来源声名狼藉,但它本身也可能是非常有价值的,"执行得最好的便是最好的"。事实上,在学校中做了大量的有益工作,人们也没有想到在那里用什么来代替班级制。这些情况无疑是真实的。旧机构已由新精神所控制,但是,正是人们用来操作它的竞争和人性导致了许多观察者的"工具怀疑论",这就是说,导致他们怀疑班级制是否被挤压到了其作用的极限,是否应当用别的方法来补充——如果不是被整体取代的话。

---

[1] 译者注:狄更斯笔下的"卡脖子"先生(Mr. M'Choakumchild,直译为"窒息孩子"先生),是狄更斯笔下竭力阻碍教育改革的代表性人物。

导　言

前些时候,有位作者在一段文字中表达了这种疑问。当然,他表达的疑问看起来并非那么严重。或许人们可以被允许引用这一段文字：①

"你们都知道,一个熟悉的词,如果人们持久地盯着它看,它会突然变得简直令人惊讶的陌生和没有意义(正如威廉·詹姆斯[William James]说的那样),它似乎是从页面上瞪着你,眼神漫无目的。如果你严格清除心里熟悉的联想,然后观察一所学校课时表的运行,你会有同样古怪的体验。从 10:15—11:00,25 个心灵同时专注于二次方程理论;报时的钟声响起,他们对这一科目的兴趣必须戛然而止,他们全都要求进行法语语音练习! 就像舞台上演员们之间的协调,'他们的全体一致真是奇妙'——但如果你回想一下,也是假得可笑。难道我们就想不出办法,把我们的教育组织得更加符合孩子们的兴趣与能动性的自然变化吗? 可能是由于这种专业化的系统常常不厌其烦地使现有秩序复杂化,才能够使不断变化的组织完全具备实施的可行性。毫无疑问,必须有一定的时间集中学习;但在其余时间里,每位专家的屋子(specialist's room)可以成为一间'学生室'(pupil room),情况不同的各个学生都可以在这里学习。他们或是自学或是分小组学习,做多做少及时间长短,都由自己决定。当然,有必要跟踪每个学生的进步情况并且确保他们遵循了合理的学习步骤。但是我不明白,为什么在这些事情上,像'互助合作社'(Caldecott Community)那样的方法不能普及。"

在讲出这些话之前数年,讲演者像无数其他教师一样,用类似道尔顿计划的方法教一群高年级学生;当然,他也了解到了杜威(Dewey)教授、梅森(Mason)女士的工作,尤其是蒙台梭利博士所倡导的令人惊讶的儿童少年教育改革。然而,他万万没有想到,他演讲时提出的,作为未来梦想的东西,已在大西洋的另一侧成了现实。留给贝尔·伦尼(Belle Rennie)小姐的事情就是,通过让帕克赫斯特小姐富有勇气和深谋远虑的实验引起英国教师们的注意,在她为教育进步所作的许多工作中又添上了一笔。

---

① 来自数学协会的会长致辞。发表于 1918 年 3 月份的《数学学报》。

1920年5月,在伦敦《泰晤士报教育增刊》上,伦尼小姐简要论述了道尔顿教育计划。她的邮包立即开始鼓起来,来信显示出人们对班级制的不满是多么普遍,有那么多的教师在寻求一种更好的教学方法。一个月之后,罗莎·巴西特(Rosa Bassett)小姐在斯垂瑟姆县(Streatham)中学开始大规模仿效美国的实验;同年8月,在英国协会的卡迪弗(Casdiff)会议上讨论了她的初步成果。从此之后,人们的兴趣骤然上升,以至在1921年7月,帕克赫斯特小姐来英国时,希望听她讲述"道尔顿计划"的人络绎不绝,有人甚至都找不到落脚之处。后来,巴西特小姐将她的学校向来访者开放三天。在三天时间里,2000多名参观者把斯垂瑟姆路都堵塞了!

　　这里不必谈论计划本身,因为帕克赫斯特小姐在下面的章节中阐释了它的细节内容,巴西特小姐补充了一份关于使之适应于大型中学的经验的报告。然而,有幸把这本书介绍给大众的人,有权利评价它的写作的科学性。帕克赫斯特小姐考察了一个具有重大实践意义的具体问题:在学校进行了大量的教育工作的情况下,如何确保获得丰硕成果。"道尔顿实验室计划"就是她的解决方案。她比任何人都更明白,还有别的方案,她的方案不是最终的,而是容许有益的修改和发展的。当蒙台梭利博士的工作在这一国家为人所知之后,一种运动受到了引人瞩目的推动,有些人把这种运动的目的粗暴地称作"自动教育"。各地的改革者们都在忙于开辟和探索古老的教育工作的新方法。有些是"更狂热的同志",他们发誓要与旧传统以及属于旧传统的一切东西决裂。这些人可能把那些哪怕不要求废除公共考试的计划看作是可怜的妥协!但对于那些稳步加速并且脚踏实地的同样勇敢的心灵来说,"道尔顿计划"提供了一条前进的道路,那些天赋聪明、专心和有上进心的人可以放心地走上这条道路。

　　无畏与首创精神是美国教育的典型特征,我们也希望在一位美国教师和追随她的英国人之间,目前的这种亲密与愉快的联系也能成为一种典型。慷慨也是典型的美国人的特征,这种慷慨使帕克赫斯特小姐把这本书所得的钱捐给了一个高贵的英国教育机构——赤利残疾人传统工艺学校(The Heritage Craft School for Crippled at

Chailey)。总之,我们衷心祝愿帕克赫斯特小姐的事业能够进展顺利!

T. P. 纳恩

于伦敦大学,1922 年 4 月

第一章　道尔顿实验室计划的起源

在美国思想家中，爱默生（Emerson）是最早认识到并指出我们的教育体系是失败的人之一，因为建构教育之上的教育理念已经失去了意义。"我们是词语的学生"，他写道，"我们在中小学和大学以及朗诵室里关了 10 年到 15 年，最终出来学会了夸夸其谈，记下了一堆词语，但实际上什么也不知道。"托马斯·爱迪生（Thomas Edison）仅有的正式教育是"母亲的一些教导"，他在最近的一次采访中，回应了这一指责。他说："人类大脑发展的可能性几乎是无限的，但重要的是不要让小孩子去学习他们不喜欢的东西，如果学习不如玩耍有趣，那学习就变成了一种伤害。我并不确定一个孩子的头脑在哪个年龄开始衰退，但应当在 11—14 岁之间。如果你让一个孩子学习他不喜欢的东西，并且一直持续到 14 岁，那他的大脑就被永久地损害了。孩子天生喜欢学习。他们怀有巨大的好奇心，但他们必须对学习对象感兴趣。我们的教育方法未能这样做。改变这些方法，就会产生许多富于创造力的所谓'怪人'。我自己就是一个'怪人'。"

因此，在每个人都能靠国家出资受教育的美国，人们说当今大学里失败者的比例相当高，这难道还奇怪吗？从前，受教育面比今天狭窄得多，只有少数人被选送上大学。这些人在家里是智力优秀者，他们被选择是因为人们认为他们合乎条件享有受高等教育的权利。因此，甚至在他们进入教育过程之前，他们就被评价并贴上了优秀标本的标签。结果，他们从学校回家时，多多少少也像进去时一样。在那时，教育被认为是一种特权，受教育者也自然成了远离或者免于批评的一个阶层。学校只是在强化他们已经定型的观念，这使得他们脱离较为朴素的人们，而他们是这些人的后代。他们怎么会分担使得他们可能享受这些好处的父辈的奋斗和牺牲呢？即使会，他们承担这种共同责任的能力也较差，他们已用他们朴实的特点换来了知识分子脱离行动的状态，而这种脱离行动使得他们无论是在家庭中还是在一般意义上都对社会毫无用处。

那是昨天的美国。当今，教育的真正含义已经变化了。人们不再认为教育本身就是最终目的，如果说过去从事教育研究的人是一个的话，那么现在有五十个。对教育的需求变得如此普遍，以至那些对它的优越性视而不见的少数人已经寥寥无几了。由于学校人满为患，教育家们面临着许多新问题，既有精神的，也有物质的。对教育的需求不仅远远大于以前任何时候，而且需求的性质也不同。过去，学生上学为的是得到学校必须要给他的东西；现在他去上学为的是满足自身发展的明确需求。他不再任人摆布，去学习那些教师计划教授的东西。那些对过去一代代学生有效的模式对他不再适用了。

不幸的是，在旧制度下工作并且以此为生的人不仅本能地想保留它，而且几乎是不可避免地丧失了客观评判它的能力。他们的思想就像旧制度本身那样，被僵化的硬壳包裹。虽然他们中间有一些真诚而且善良的人，由于把他们全部的精力都奉献于"保持老传统"的任务，因而容易逐渐丧失重燃真理之火的能力。这些人仍然把自己当成青年的神圣领袖，他们的权威不容置疑。他们还拿老眼光评判新的种种不同的学生群体。什么东西也不能促使他们抛弃陈规，创造一种新鲜而充满活力的方法去适应新的富于生机的人类。

对教育制度的更多批评来自学生家长。从任何一方面都可听到这样的问题："我女儿从大学学习中得到了什么？"还有，"大学如何帮助我儿子进行人生的奋斗？"学校的答案是，它们提供"经验"，而这一答案只有在定义了经验究竟是什么之后才是有效的。从教育一词的学院意义上来说，美国历史早期的开拓者们通常都是教育程度很低的人。经验是他们仅有的学校。单靠他们与生俱来的才华就使得他们学会了最高的人生课程，他们奋斗过、胜利过，并且是幸存者。而那些在奋斗中倒下的人，以及那些受到一些教育却表现欠佳的人又怎么样呢？今天我们再负担不起这样高的废品率了。我们必须找出一些方法，在普通的男孩走向谋生和成功的广泛奋斗之前，拓展和强化他的天赋。我们必须为普通的女孩提供机会，以便她不仅能够学会发展她的智力，而且学会怎样成为社会一员。

在我们仍未成熟时,要获得这两种经验,有利的环境是首要的。关于这一点,埃德温·G. 康克林(Edwin G. Conklin)在他的《遗传与环境》一书中做了富于启迪性的描述。在这位作者看来,"只有那种培养良好习惯和特点或者抑制不良习惯和特点的环境和训练才是好的。……总之,最好的环境是这样的,它避免走极端,既不太安逸又不太艰苦,它使人的身心均达到最高效率。

"很奇怪,在教育上,我们看不到适当的目的和方法。任何教育,只要导致懒惰、粗心、失败而不是勤奋、精细和成功,都是不好的教育。任何宗教和社会机构,只要导致虚伪的虔诚、伪善、盲从权威而不是尊重证据,不是真诚、虚心和独立自主的习惯,都是不好的。"

这些都是教育的指路明灯。通过教育学生我们会认识教育。我们的教育制度被用于教育孩子勤奋、真诚、虚心和独立自主,但是否成功地塑造了孩子们呢?答案当然是否定的。然而,这并不是说,要发展那些品质,只有牺牲教育家们迄今一直竭力获取的传统的和纯粹文化的价值。我们可能做到的是,灌输一种对学习的重视和对高水平文化发展的欲望,同时,培养埃德温·G. 康克林如是界定的年轻人的道德力,这种道德力是良好的和丰富的人生所不可缺少的。但这两个理想的实现,只有当学校生活改造为包含真正的经验训练之后才是可能的——对这种经验的渴望存在于每个青年人的心里。在孩子开始面对青年和成年的各种问题之前,在童年时代就必须加强孩子解决问题的能力。只有当教育被设计为给予他这样的自由和责任,并允许他为了自己而独立地处理这些问题,他才能达到这一步。经验恰恰就是这种东西。没有它就谈不上个性的发展,没有个性,各个年龄段遇到的问题都不能得到令人满意的解决。孩子受到我们教育规章制度的桎梏和阻碍,将不会得到任何形式的经验。他既学不会解决自己的困难,也学不会解决与自己同伴的接触中所产生的困难。

确实,如同对于成年人那样,这种经验对于孩子的价值简直是怎么估计也不会过分。较之其他方式,它也能够测试个体的道德和智力结构。它塑造和锤炼孩子的思想,使他的判断力增强且更为敏锐;同时,当个体和其他个体发生联系时,它会教给他最最重要的课程——自律。群体意识产生于这种社会经验。只有把这种经验引进孩子的日常生活中,我们才能恢复学校生活曾经失去的热忱、追求和兴趣。

一天,我乘火车从纽约出发,去度一个非常需要且盼望已久的假期。我正在观赏飞逝的风景,一位同车乘客抛出一句话,打断了我。

"你相信吗?"他叫道,"在一条不到80年的现代铁路上,比如这一条,教育和教诲刚刚开始代替纪律和批评。我们过去常常开除那些不能令人满意的工人。现在我们力图去理解他们,麻烦确实少多了。"

如果说话者是一个教授,而不是像他接下来告诉我的那样,他是一位铁路官员,他的话或许不会令我那么吃惊。但他对我当时正在关注的问题有着意想不到的启示。鉴于他不知道我是一名教育专家,我赶快抓住这一机会,以便了解外面世界对那些问题的看法。这时火车正经过一队正在工作的工人。

"看看那些人,"我的旅伴接着说,"他们一点也不知道他们的工作该怎样做才做得最好。"

"为什么不知道?"我问。

"因为工作的管理权属于工头,工头的职责就是为这帮人出谋划策;一个自己思考的劳工很快就会被大家认为是个危险人物,工头会怨恨任何提建议的人——提议怎样做好自己工作的人,而且这样的人可能被解雇。如果工人把工作视为自己的事而对工作有责任感,那工作效果该有多好啊。在此情况下,工头将不是监工而是工人的帮助者。"

我们讨论的议题包括火车站职员、司闸员、工程师等,以及他们在巨大的铁路系统中的培训和利益,相对于这个系统,他们就像是车轮上的一个个螺丝钉。在交谈中,我感觉到我的问题和他的问题实际上是一致的。

最后,我斗胆问他对他的老板——铁路总裁的看法。他的回答却是另一种语调,干脆中带着一种热烈的钦佩。

"噢!他完全属于另一类。我们的总裁是一个极有见解的人。他看得远,用他经验累积而得来的罕见的能力做规划。为什么这么说呢,当他谈话时,你很快就会发现,他把你及你的思想都远远抛在后面,就像这列火车把那些工人远远甩在后面一样。真的,我们的总裁是万里挑一的,他是个无所畏惧的人!"

这句话深深地打动了我。"无所畏惧的人"——这不正是我们教育家力图塑造的那种人吗?生活需要他们,世界需要他们,因为这种人永远都不够用。他们是这样的难得——他们能高瞻远瞩规划未来——他们知道该怎么做!

那次旅行之前的几年,我一直在问自己,那种人才是否能培养出来?怎样才能培养出来?什么时候才能培养出来?在一所乡村学校,我有了第一次教学经验,在这所学校里,40个学生分成8个年级,8个班。因此,当我给其中一个班口头讲课时,必须让另外7个班有事情可做。我就想到了一个解决困难的最好办法,这就是,在我能够检查功课之前,让每个学生都有事可做。为了使这一计划得以成功实施,我就必须让大孩子帮助小孩子。他们还真是响应了我的呼吁,尤其是大男孩。在他们的帮助下,我把一个贮藏室改造成了一个图书馆。教室的每个角落都被我划分给不同的课程。除了改建过的贮藏室外,我们还有一个花园和一个大厅,这个大厅很快就有了游戏室的功能。即使在那种落后的边远社区,也没有一个人反对这种非传统的实验,因为实验成功了。入学人数迅速增加;孩子们遵守秩序且听话,而且他们愿意学习。我之所以受欢迎,部分是由于我父亲,他每个星期五来接我的时候经常给孩子们讲印第安人的故事。学校当局对教学效果也表示赞赏,因为在学期末,他们通报我"有能力并且具有扎实的良好习惯"。

以后,我又当过中学、小学、师资培训学校和一所职业师范学院的教师,我又遇到了其他的难题。尽管我常常费尽心思去寻找解决的方法,但总是不如意。因此,1908年,一位前任教师给了我一本爱德加·詹姆斯·斯威夫特(Edgar James Swift)的《心灵的塑造》(Mind in the Making),我立即被书中的思想深深地触动,就毫不奇怪了。

这本书深深地影响了我和我的工作。我的第一个概念"教育实验室"应当归功于它。反复研读了此书之后,我经常回顾两段文字,这两段文字似乎包含了解决我的特殊问题的钥匙。第一段话是这样的：

"合理的方法就是与学生一道学习，鼓舞他们，使他们渴望研究自己喜欢的事物和为社会知识财富的积累做出贡献，这些知识是要在口语课上进行讨论或加以澄清的。说教的方法属于中世纪。尽管使这种方法可行的条件早已不复存在，但它仍统治着我们的学校。教师自己的思想拓展是清除这种中世纪残留的第一步。接着，他们要研究学生，教室要变成教育实验室，活动不应只局限于体力培训部门。在教育中，通过环境而产生影响的建议一直没有引起应有的认识。教师们想在学生的心理活动中扮演一个过于显眼的角色。而教育者是有局限的，由于人生的复杂性，他可能预先选定某种目标。他不欣赏某个孩子的素质，但恰恰就是这个孩子可能是这样一个幼芽，这个人的素质远远超出教育者的思想范围。"

对我来说，我引用的第二段话的启发性也差不多。"迄今的教育实验一直是互相脱离的，并且残缺不全。仅有的几个进行教育实验的人已经承担了繁重的工作，这占用了他们大部分时间。他们就只剩下很少的空闲和精力去研究细节或者对结果进行批评性研究。许多时候，由于缺乏时间，实验在完成之前就被迫放弃。这就是没能看到这项工作重要性的后果。迄今为止，教育一直过多地专注于历史。教师经常是睁大眼睛回头去看裴斯泰洛齐（Pestalozzi）、福禄贝尔（Froebel）和赫尔巴特（Herbart）等人，而不是期待新成果的产生。结果，教育学总是处于守势，由于自身的含糊不清、浪漫主义以及尤其是无能而受到攻击。能量的经济性对于教育学和对于力学一样，是一个真实的问题。效率——有用功与完成有用功所耗的能量之比——可以通过减少阻力和施加更多的动力而增长，而教师们太过专心于供给动力了。"

我把爱德加·詹姆斯·斯威夫特的书推荐给每个似乎能读懂它的学生看，也正是这本书使我下定决心，一旦我有足够的空闲和时间去进行实验，探索新的和更好的方法，我就要成为教育的雇佣军。

三年后，我开始实现我的抱负，我做出了一个针对8—12岁孩子的工作计划，这一计划在第一个"教育实验室"执行。一位师资培训学院的同事答应协助我工作,但他对我计划的可行性表示怀疑。但我畏惧被人指责为挑战神圣传统的革命者,这种畏惧阻止了在课堂上讨论这种新方法,尽管我试图在校外有选择地介绍给一批学生。

从一开始,实验室计划——我一直这样称呼,即使是在1913年作了完善之后——的目标就是学校生活的彻底重组。我的想法是,需要重建学校的结构,使其具有灵活的决策过程,替代头重脚轻的现行机构。在这种学校秩序下,学生能够享受到更多的自由和一个更加适合他们学习各个科目的学习环境。在这些科目中,每一个教师都应当是一个专家。最为重要的是,我想平等对待每个学生的困难,并且给迟钝的学生和聪明的学生同样的进步机会。1913年我们已经完成实验室计划,这样就可以部分地取消课时表,但直到1915年我们才彻底摆脱它。1913年我们开始按照自由选择实验室的方式将学生进行分组。那本身就是一个巨大的创新,尽管他们仍然必须待在互相隔离的小组中。我花了两年多的时间才做到让各个小组之间充分互动。

我是幸运的,在与我有关的各种机构中,我的实验总是能够得到头儿们的同情与鼓励。我的督导员身份使我能够在处理组织的问题以及方法的问题中获取经验。更有价值的是,我得到了许多观摩其他实验进行情况的机会,而且,我为此目的告假的请求从未遭到拒绝。1914年,我申请去意大利调研蒙台梭利方法。这次经历以后,我参加了该方法1915年在加利福尼亚的应用。在那次实验中,我充任蒙台梭利博士的助手,作为她门下的一员,我参加了四门培训课程。由于弗里德里克·伯克(Frederic Burk)博士的好意和对我的工作的兴趣,在我这一段职业生涯中,我得以针对性地挑选出来100名年龄介于9—12岁的孩子进行实验,我很高兴能把我的实验室计划付诸实践检验。

1915年11月至1918年元月期间,我承担了照看蒙台梭利博士在美国的事业的责任,我只得暂时放弃实验室构想的试验。在辞去这一职责后,在当时我正在主持的儿童教育基金的经济支持下,我急切地恢复了实验工作。那时,我觉得我对教育的个体方面进行了足够的研究。然后,我全神贯注于研究学校社会性的一面。

第一章 道尔顿实验室计划的起源

1919年9月,正好是我从教15年之后,我得以看到我的实验室计划在一所不分年级的残疾人学校实施。对我来说,那是一个伟大的时刻,我对那些给我机会、把我的计划投入实践的无私的人充满了无限感激。当然,或许我也可以找到其他学校,在这些学校,实验可以在正常的孩子中间得到完整的检验。但是,我自己和我的朋友W.默里·克兰(W. Murray Crane)夫人都被一种愿望鼓动着,希望给予那些残疾孩子可能蕴涵在教育中的所有快乐和幸福。W.默里·克兰夫人曾经协助那所残疾人学校的创办并捐款,作为学校的理事,作为学校的教育委员会主席,对她的崇敬,我无以言表。几个月前,她要我为学校的改进提出任何我能想到的建议。在我看来,实验室计划正是它所需要的,而当1918年11月我向她介绍该计划时,从一开始她就理解和信任它。几个月后,我去访问了这所残疾人学校;1919年秋天,该计划就在那里实施了。很快它就收到了良好的效果并引起了许多地方的兴趣。对我来说,那次经验是无价的。正是在那里,我发明了一些图表,这些图表我将在下文专设一章加以论述。借助于这些图表,我发现简化组织和完善不同小组之间的相互作用都成为可能。

我们在残疾人学校的成功激起了克兰夫人一个雄心勃勃的计划,她要把"实验室计划"应用于她的家乡马萨诸塞州道尔顿镇的高级中学。1920年2月,这一抱负得以实现。我们开始采用新方法之后不久,道尔顿中学接受了桑德逊(Saunderson)夫人的访问,她还带来了伦敦的贝尔·伦尼小姐,伦尼小姐是英国新教育理念的先驱之一。伦尼小姐对我的工作颇有兴趣,她一回到伦敦就开始撰写关于我的计划的东西。我担心我珍爱的"实验室"一词可能会被人误解,于是我决定称呼我的计划为"道尔顿实验室计划",从那时起,它就以此名字而为人所知。

我承认,可能在一些人看来,实验室一词不大恰当,因为迄今为止,人们仅仅把它与科学实验相联系。但对我来说,这一词是非常有意义的,我是仔细考虑过后才坚持这么用的。我希望它能逐渐使教育观点远离偏见的氛围和垂死的理论,"学校"一词使我们联想到的正是这样的氛围和理论。让我们把它看作是这样一个地方,在这里,就如人生本身一样,它充盈着社会的各种条件和影响。

从道尔顿开始,我们继续去征服新领地。我收获了一群朋友,他们在早期给予了我信任和帮助,特别是詹姆斯·T.派尔(James T. Pyle)夫人给予了我巨大帮助。后来,由于 W.默里·克兰先生和夫人的慷慨相助,儿童大学学校(Children's University School)得以成立,并公开宣布它的目的就是展示道尔顿计划在促进教育复兴所能起到的作用——使教育成为一种生气勃勃的事情,能够激发并保护学生在学习中的兴趣。在这里,计划首先在青春期前年龄段的孩子中应用。我也非常感谢他们的合作和批评。甚至在我与同事们详细讨论计划之前,我就把计划介绍给孩子们,并征求他们的意见。他们的建议是极其有价值的。事实上,正是学生们自己向我指出了纠正计划中存在的几点缺陷的方法。所以,对于那些我们立志要教育的人来说,从一开始,教育中的自由原则就证明了其自身的合理性。

第二章 道尔顿计划的原则

一般来说,老式的学校象征着文化,而现代类型的学校则象征着经验。道尔顿实验室计划首先是一种方法,通过它,以上两个目标可以协调一致,一起达到。

文化的获得是经验的一种形式,因此,它是人生中的一个要素,学校要像成人社会一样密切关注这一要素。但除非学校作为一个整体进行重组,使得它像一个社区一样运作,学校是不能做到这一点的——这样一个社区的必要条件是个人发展自身的自由。

这种理想的自由不是放纵,更不是无法无天。事实上,恰恰相反,想干什么就干什么的孩子并不是一个自由的孩子。相反,他容易成为不良习惯的奴隶,变得自私,很难适应社会生活。他要成长为一个和谐的、负责任的人,能够并且愿意有意识地使自己为了大家的共同利益而与同伴们合作,在此之前,他需要通过某些方式来释放他的能量。道尔顿实验室计划提供了这种方式,它把孩子的能量转向以他自己的方式从事和组织他自己的学业上。这给予了他心智的和道德的自由。我们认为,从体质的层面来说,为确保他的身体健康,这种自由也是非常必要的。毕竟,反社会的素质和行为只不过是能量被错用了。

因此,自由是道尔顿实验室计划的第一原则。从学术或者从文化的角度来看,当学生在学习任何吸引他的科目的时候,必须让他自由地继续他的学习而不被打断,因为当他感兴趣时,他就会头脑敏锐、思维更加活跃,更有能力征服在他学习过程中可能产生的任何难题。在新方式下,不会有铃声在指定的时间勉强把他拉开,根据教学的要求,强加给他另一门课程和另一位教师。由于受到那样的对待,学生的能量自然就浪费了。的确,这样武断地转换和我们毫无道理地按固定时段开关一个电炉是一样不经济的。那种强行的课程转移学习绝对是这种"费功坏事"的电炉。除非允许学生按照自己的速度来吸收知识，否则，他就永远不能彻底地学会任何东西。自由就是按照自己的时间安排行动，按照别人的时间安排行动就是束缚。

道尔顿计划的第二原则就是合作，我也喜欢称之为群体生活的互动。约翰·杜威博士的《民主与教育》一书有一段文字满怀崇敬地定义了这一思想，他写道："民主教育的目的，不仅是使一个人成为他最近群体的一个聪明的参与者，还要把各种群体引入如此经常的互动中，以至于没有任何个人、任何经济集团能够独立于其他人而生活。"

在旧教育制度下，一个学生可以并且经常生活于他的群体之外，只有当他与他的同伴一起在越过人们称之为课程的公共智力通道，才接触群体。这很容易导致他变得反社会，如果这样，当他离开学校，进入更为广阔的人生领域时，他会带着这种缺陷。这样一个学生甚至可能像一个教师一样，是他的年级或班级生活的"一个聪明的参与者"。但是民主制度的要求要比这更高，真正的社会生活不只是互相接触，而是一种合作和互动。社会经验是社区生活的产物，在学校之外，人们之间的密切联系和相互依赖把人们和民族联结起来，除非学校的各个部分或群体都去发展自己和别人之间的那些密切联系以及那种相互依赖，否则，学校是不可能反映这种社会经验的。

学生为了过得快乐，不自觉地作为一个社会成员而活动，道尔顿实验室计划为此创造了条件。根据他的行为举止是社会的还是反社会的，这一社区或是接受他，或是拒绝他。在学校实行的法规与成人社会所实行的法律一样。为了有效，这种法规必须不能是强加的，而是约定俗成的，就像社区人们呼吸的空气那样到处发散着。社区生活的价值在于它提供的服务，这种服务使组成社区的每个自由人都永远意识到，作为社区的一员，他是一个合作者，他要向也要为整个社区负责。

这在学校的规程中就构成了一个问题，学校应该如此组织：学生和教员都不可以把自己孤立起来，也不可以逃避在活动中和别人遇到困难时他应当分担的一份责任。我们知道，每天早上，当教师们把外套往衣架上一挂，他们的个性也就随之挂在那儿了。在校外，这些教师都饶有兴趣和魅力,与学生们在一起时,他们却不敢展示这种兴趣和魅力,唯恐这样做便削弱了他们的权威。道尔顿实验室计划不需要标榜那种虚假的权威,这种标榜是压制性的而不是教育性的。它不能促进秩序性,反而引发了无纪律性。这种标榜对于学校——作为一个有生命的社会单位的理念是致命的。

　　从学生的角度出发,孩子也是一样的。他要进入成年,某种社会经验的准备是不可或缺的。孩子受制于专断权威和不可更改的条款与制度,不能发展作为这种社会经验的序曲的一种社会意识。无论从科学角度考虑,还是从社会角度考虑,旧教育制度都一样致命。一个孩子从不自觉去做自己不懂的事情。他选择某种游戏、追求某个目标,取决于他清晰地估计到,自己能在其中取得优胜。有了对选择的责任心,为了保证成功,他的大脑就像一个高倍显微镜一样运行,吸取和权衡他必须克服的问题的方方面面。给他同样自由的环境,他的大脑也会用完全相同的方式来处理学习中的问题。在道尔顿实验室计划中,我们把学习中的问题直接放在学生面前,并指出必须达到的标准。此后,我们允许他以他自己的方法和自己的速度解决问题,只要他觉着合适即可。学生对结果的责任心不仅会发展他潜在的智力,还会发展他的判断能力和个性。

　　但为了使学生能够完成这一教学过程——为了引导他去自学,我们必须给他机会,让他纵览我们布置的任务的全貌。要赢得比赛,他必须首先对目标有清楚的认识。每个学年开始,就向学生摆明整整十二个月的学习任务,会有很好的效果。这会让他看清他的学习计划的全貌。这样,他才能决定他每月和每周要采取的步骤,以便他能走完全程,而不是盲目地既不知道路线又不知道目标地向前乱窜。期望一个孩子对一场比赛感兴趣甚至渴望赢得比赛会有哪些不利因素?如果一个教师不去下功夫研究孩子的心理,怎么可能有希望培养出高素质的人呢?对于教师和学生两者来说,对自己任务的理解都是必要的。教学毕竟是一种合作的任务。教学双方在教学中的成功或者失败是联结在一起的。

　　如果我们相信的话,孩子与成人一样,是通过不断调整手段以实现学习的目标。如果要求学生对这样或那样的工作负责,比如像道尔顿实验室计划那样要求,他会怎么做呢?他会本能地寻找完成任务的最佳途径。决定之后,他接着会按照决定来实施。假如他的计划与目的不符,他会抛弃它而尝试其他方法。以后他会发现,向他从事类似项目的伙伴咨询很有益处。讨论会帮助他澄清思想和计划步骤。任务完成之后,他达成的成就会呈现出成功的全部光辉。这种成就,是他在完成任务期间,他想到的、感触到的和生活经历的所有事物的体现。这是一种真正的经验。这是通过个人发展和集体合作所获得的文化。它不再是学校——它就是生活。

这种教育方法不仅激发了学生最深层的兴趣和最高的能力,也教会学生怎样为获得成绩而调配他的努力。福煦将军(General Foch)在他关于战争原则的一本书中写道:"军队使用的经济性在于,在某一给定时间,把自己所能支配的所有力量投入到一点上。"所以,允许孩子集中全力,于某一特定时间学习他最感兴趣的科目,会使他克服学习困难,使学习变得容易。在此情况下,他不仅学得更多,而且学得更好。道尔顿实验室计划允许学生根据自己的需要安排时间并使用时间。

爱默生这样告诉我们:"教育的秘诀在于尊重学生。不是由你来决定他该知道什么和该做什么。这是上帝所造的,是先天注定的,只有他自己掌握着开启自己秘密的钥匙。由于你的干涉、阻挠和过多的管制,他可能受到阻碍,不能达到自己的目的,不能做自己的主人。尊重孩子吧。等着瞧自然的新产品。自然热爱类似而不是重复。要尊重孩子。不要老像威严的父亲。不要去侵扰他的宁静。

"但我听到了回应这建议的呐喊:你真要抛掉公共的和私人的纪律约束吗?你要让年轻的孩子由着自己的激情和奇思怪想而疯狂奔驰,并把这种无法无天称作是对孩子的天性的尊重吗?我回答说:尊重孩子,彻底尊重他,同时也尊重你自己。做孩子思想的伴侣,做他的友好的朋友,做他的美德的热爱者,但不要做他的过失的同情者。他拼命地为自己解释,并恳求旁观者的支持和赞成。他由于缺乏语言和方式表达那些甚至他自己也没搞清楚的思想,因而遭遇到阻挠,他就会设想,虽然在这座房子或城市没有人理解他,而在别的房子或城市,或许有一位聪明的教师,这位教师能让他拥有实施自己意愿的

第二章 道尔顿计划的原则

规则和设备。这个孩子有一种偏好,有一种思想,这种思想引导他一会儿进入沙漠、一会儿进入城市,他被一种想法支配,像个傻子,但他是快乐的。让他追随这种想法吧,不管人们对他的议论是好还是坏,不管他的伙伴是好是坏。这种想法将证明自己是正当的;它最终将引导他进入真理热爱者的光明社会。

"难道我们不能让人们成为自己并以他们自己的方式享受人生吗?你要把他变成另一个你吗?一个你就够了。

"或者我们要牺牲学生的天赋,牺牲他的天性的未知的可能性,以换取软弱但安全的一致性吗?这种行为,就像土耳其人刷白希腊神庙墙壁,刷掉希腊人留在上面的珍贵的古代马赛克艺术。不,我们要这样的人:他们的成年只是孩童时代的延续,他们的天性没有受到损害,这能够产生许多英雄行为,而不是那种我们见得太多了的悲伤景象,即,在未受过教育的身体上长了一双受过教育的眼睛。

"我喜爱孩子,他们是操场和马路上的主宰,他们同样有权力进入所有的商店、工厂、军械库、城市会议、决策机构、打靶场等,就像飞蝇可以自由地去任何地方。他们不受任何怀疑,像看门人一样自然地进去。虽然人们知道孩子们口袋里没有钱,孩子们自己也不怀疑这种贫穷的价值;他不提防任何人,但他看到了'戏剧'的内幕,听到了全面的情况。没有隐瞒他们的秘密,他们知道消防队遭遇的一切事情,知道每一个引擎和每一个看管刹车的工人的特点,知道怎样操纵刹车,他们迫不及待地伸手去动动每一个部分;他们也知道铁路上机车的特点,他们会缠着火车司机问长问短,让他们与他一起乘车,当机车进入车库时,让他们拉动操纵杆。他们在那里只是为了好玩,而忘记了他们是在学校、法院大楼或家畜展览会上,就和忘记他们一小时前在上算术课一样,甚至比忘记算术课还忘得更为干净。

"他们像化学家一样迅速地把真相和假相分开。在你开口之前一星期,他们就从你的眼神和行为中发现了你的弱点,眨眼之间就用他们的意见给你以帮助。他们不犯错误,不卖弄学问,他们有的只是对经验的彻底信任。"

在学校的围墙里,道尔顿实验室计划渴望提供的正是那种个人的或社会的经验。爱默生生动的散文所概括的原则正是道尔顿实验室计划的原则。它指出了一条道路,而且我坚信,这是唯一的一条道路,这条道路将让学习变得像游戏一样吸引人,让教育像游戏一样寓教于乐,最终造就无畏的人类,使他们拥有最宽广而敏锐的理解力,这是我们的理想。

但是,既然自由是这一理想的内在组成部分,我就一直谨防着这种诱惑,即,把我的计划变成适合任何地方任何学校的陈词老套的、不可变通的东西。只要使这一计划充满活力的原则得以保存,那么这一计划就可以在实践中根据学校的情况和员工们的意见加以修改。由于这一原因,关于课程表中应该包括哪些科目,或者以什么标准来衡量学生的成绩,我都避免教条化。最重要的是,我并不想规定一个区分人们身份的标准。在这一点上,我只能说,任何学校的课程都要随学生发展的需求而变化,即使在指定要服务于一定的学术目的的学校,这一方面也不应像通常那样被忽视。我担心,除非教育界认识到这一事实,即课程并不是社会的主要问题,否则,我们仍会本末倒置地看待课程,因而继续妨碍我们的青少年健康成长。

今天,我们对课程考虑得太多而对孩子们考虑得太少。道尔顿计划并不是包治一切学校病症的万能灵药。它是一个方案,通过它,教师能够抓住学生的心理问题,而学生则能抓住学习中的真正问题。它根据孩子们的情况来判断学校的状况。课程的困难与否主要关系到学生,而非教师。课程只是我们的技术,一种达到目的的手段。要利用的工具是孩子。

在普通学校所具有的条件下,孩子们的精力往往不能自由释放。教育者建立了一个头重脚轻的组织,期望有了这个组织后,教师们就能解决他们的问题。但我主张,教育的真正问题不是教师的问题,而是学生的问题。所有让教师烦恼的困难都是因学生未解决的问题而造成的。后者消失,前者也会化为乌有。但学生被迫使用一种并非适合他自己的机制,这使得他既无学习效率又心烦意乱。在学校组织及其附属机构按学生情况重组之前,问题是得不到解决的。

然而,需要办的第一件事情就是,消除所有阻止学生发现他的问题的障碍。只有他自己知道他的真正困难是什么,如果他不善于克服这些困难,他就会变得善于隐藏这些困难。迄今为止,我们的教育体系只满足于开发学生精力的表层。现在,我们必须设法到达并释放学生深层的自然能力。这样做时,我们应该帮助和鼓励孩子表现出他的生命力,并把这种生命力用于教学工作。这不是通过为学生做功课达到的,而是通过使得他做自己的功课成为可能而实现的。老式学校继承的毛病中最为烦人的是情绪冲突,如果我们想避免那些情绪冲突的话,师生之间的和谐是最为基本的。

道尔顿计划的经验表明,它对学生既有道德上的益处,也有智力上的益处。它在哪里得到应用,那里的冲突就中止,混乱现象就消失。一旦孩子得到解放,能够以自己的方式执行教育计划,旧的僵化机制在孩子身上引发的对学习过程的抵制就转化为默认,学生对旧的僵化机制所产生的抵制情绪,在学习过程中转变为兴趣和勤奋。自由和责任心一起上演了教学中的奇迹。

简单说来,道尔顿计划的目标是一种综合目标。它提出了一种简单而经济的方法,通过这种方法,学校作为一个整体,可以像一个社区那样运作。学生生活和学习的条件是他们环境的主要因素,一种有利的环境就是那种为学生的精神和智力成长都提供机会的环境。刺激并推进这两方面成长的,是伴随着任务的社会经验,而不是任务本身。所以,道尔顿计划强调孩子在其学习过程中他的生活的重要性,强调他作为一个社会成员的行为方式的重要性,而不是他的课程中科目的重要性。正是这一对经验的总和决定了他的性格和知识。

为了阐明这一思路,我最好引述爱米莉·威尔逊(Emily Wilson)的《一个综合教育实验》一书中的一段话。[①] 这是一本小书却包含大量信息:

"我们课程中的主要科目必须进行综合教学。也就是说,它们要相互联系起来,而不是各自孤立。只有通过这种综合教学的方法,只有通过认识并不断地强调,为了对人类有一些认识,我们必须研究人类的历史、环境、科学、文学和艺术,并把这些东西相互联系起来,我们才能使知识成为一种有活力的、有益的有机体,而不是一种死气沉

---

① 引用得到了出版者的许可。

沉的、无益的文件。……

"有必要强调一个没有引起足够重视的事实,同时学习两门存在有机联系的课程,比只学习在人们看来与任何其他事物都没有重要联系的事实上孤立的一门课程要更为容易。学生死记硬背不仅困难,也是一种心理负担。年度考试一旦结束,我们就会忘掉,且永远不再回忆起填满了我们年轻人的大脑的那些没有联系的东西。但一旦建立了一种联系,比如一个科目与另一个科目之间的联系,这两个科目,就其具有活力的相互联系而言,是非常容易记住的……

"人们将很容易看到,这种对所有科目之间联系的意识一定会在伦理和宗教领域产生良好效果。因为,现在我们解决巨大的政治和社会问题所需要的东西就是服务与合作,综合教育提供了一种广泛且全面的观点,这种观点把服务与合作的美德变成生活中思维和实践的习惯。教师的心中应该常常存有一些这样的总观点,他必须时刻留意各种联系,并因此在学生头脑中激发创造不同领域之间通道的能力,这种通道将会滋养领域间的整块土地,并产生那种来自创造意识的无穷欢乐。创造是真正的人的工作,人由于创造工作而被赋予一种永恒的精神。"

最近,两个就读于儿童大学学校的学生的父母给《纽约晚报》(*New York Evening Post*)投稿,他们的信从父母的立场出发,满怀崇敬地概括道尔顿计划的原则,如下:

致《纽约晚报》编辑:

道尔顿实验室计划的确是一种新事物。甚至在我们纽约人听说它之前,它就在英国被采用,这表明,对教育问题的研究在那里要远比在这儿受欢迎。

作为两个孩子的父母,我们希望促进对道尔顿计划中设计的方法的更广泛认识。道尔顿计划认为,学生不喜欢学习,不能归因于学习本身,而要归因于对他的教学方法。它不是从学生天生不喜欢学习这一信条出发的。那是学生被迫服从的教学过程的错误,这种教学过程使他痛苦,使他不加区别地反感任何科目,或者说是所有的科目。道尔顿计划不是一个不考虑学生天资就强加在孩子身上的专断过程,而会争取让学生自己在获得知识时充满兴趣。孩子有一种天生的欲望，要求以他自己的方式以及甚至是按照他自己的时间来安排学习。道尔顿计划鼓励孩子以一种投合他这种天生欲望的方式进行学习，因而引起孩子天性的一种新反响。就像一个成人在日常事务和任何人生事业中给另一个人以友好的帮助和鼓励一样，教师给孩子以同样友好的帮助和鼓励，以便让他去解决他的困难，而学生则根据自己登上高峰的标准和自己对自己的力量的支配，开始了对知识王国的探险。

就像文化这样的东西，我们把它当作我们文明的结晶来珍视。我们知道，我们社会生活的稳定取决于我们青年人中的大多数至少要掌握那种文化的基本要素。道尔顿计划指出了一条道路，使得这种基本要素的取得来得自然、自发而不是强迫和专断。这条道路在孩子身上激发了一种自立和主动的精神，并因此立即开始了他的性格的塑造。这儿有小家伙需要的生活经验。在他的那些都是在从事同样探险的同伴的陪伴下，他自己负责自己的学习。在他的学校生活中，他形成了这样的联系，这些联系与他将在以后的事业和职业生活中得到的联系是相同的。他通过尝试而学习。他不是在不断的命令和束缚中挣扎。他是这个世界真实生活的一部分，分担这个世界的问题，认识到怠惰产生空虚，享受勤奋带来的回报。在这些联系中没有虚假的东西。但最重要的是，当有的孩子正在经历我们今天的学校中单调的学习生活时，道尔顿计划让他从这一基础上出发，领先于那些以单调方式学习的孩子足足10到15年。

第三章　道尔顿计划的实施

　　下面我来谈谈道尔顿实验室计划在教育问题中的实际应用。为了把事情说清楚,也许最好先搞清楚它不是什么。

　　道尔顿实验室计划不是一种体系或方法。体系或方法经过世世代代的应用已僵化为一种单调的固定形式,在一代代的学生身上打上了深深的印记,犹如给进入羊栏的羊身上烙印一样。它也不是一种课程。课程往往只是一种机器,这种机器被用来在陷入体系之中的个人身上打上烙印。从实践角度来讲,这是一种教育重组方案,这种方案协调教与学两方面的活动。如果使用得当,它能创造教师能教好和学生能学好的环境。

　　为实施这种方案,我们不必要甚至不希望废除作为学校中组织单位的班级或者年级,同样也不必废除课程。道尔顿实验室计划把这两者都保留了下来。每个学生都被划归为某个班级的一员,每个班级都划定出一个最大和一个最小的课程范围。但在计划的开始,就要把整个学习任务以作业合同的形式交给学生。课程进一步细分成各种作业,学生把指派给他的班级的任务当作合同来接受。虽然合同在中学以上并不必要,但小学生可以签一个明确的合同,一旦个人的作业完成,合同要立即返还给他。

　　"我是____年级的学生,根据合同承担____作业。

　　　　　　　　　　　　　　　　　日期和签名:____"

　　由于一年的每一个月都有它的工作安排,每个年级的合同作业应包含整个月的任务。为方便计,我们把课程按主科和辅科编排。如:

主科	辅科
数学	音乐
历史	艺术

科学	手工
英语	家政
地理	手工训练
外语等	体操等

主科并不比辅科更重要,但因为在大多数学校,主科是进一步学习的基础,所以才称其为主科,大学的入学考试也要求主科应修更多的时间。辅科的价值在于它们对学生的广泛影响,对辅科的学习能够培养审美能力并提高表达能力。但在学生年龄为 8—12 岁的小学,外语不是进一步学习的基础,因而并不必需。就小学生而言,外语应当划归辅科。

为简化道尔顿计划的最初应用,我建议首先只应用于主科。随着新方案逐渐为人们所熟悉,可逐步扩至辅科。以一所学校为例,在这所学校中,2 年级的主科是数学、科学、历史、地理、英语和法语。该年级学生的第一份作业合同应是一组这一年度的课程,包含每门主科一个月的任务。在美国,我们把学校的一个月算作 20 天。因此,合同覆盖的范围应划分如下:

2 年级作业合同

(20 天)

法语	英语	科学	数学	历史	地理
(一个月)	(一个月)	(一个月)	(一个月)	(一个月)	(一个月)

这一图表象征作业要求达到的标准,2 年级的每个学生都要签订这样的合同。虽然标准是相同的,但学生并不相同。因为学生的智力存在差异,学习进度也必然各不相同。有些学生甚至不需要 20 天就能完成合同作业,而另一些在这段时间内则可能完不成。

道尔顿计划的本质在于,每个学生都应当以适合他自己的速度去取得学习进展,因为只有这样,他才能将他作业上的东西融会贯通。所以,必须允许每个学生制定他自己的学习方法,只要他认为最好。可惜,在实施计划刚开始时,我们不能假定这些学生知道怎样去学习,尽管当计划实施之后,学生就会逐渐学会并愈来愈好地安排他们的时间和学习。但效率意味着有速度,而速度只有当好的学习习惯确立之后才能提高。由于不断告诉学生做什么,什么时候做和怎么做,学生养成了依赖的习惯,戒掉这种依赖习惯是需要时间的。不断发指令给学生的教育体制会导致学生成为一个奴隶,虽然偶尔是一个有效率的奴隶,但总是要依靠指令。尽管学校的机制迅速实行了重组,但学生对改变了的环境的反应并没有那么快。然而,教师的任务就是确保学生能逐渐适应。教师可以这样来促进这一适应过程:把经过细分的课程搞清楚,以及确保学生掌握他合同中要完成的任务的全貌和本质。除非学生明白了对他的要求,否则,他的时间安排就可能会有缺陷。

通过以合同的形式把学习任务交给学生,使他感到自己对于任务履行的责任,我们使任务具有了严肃性,也使学生意识到一个明确目的。如果我们使他知道,我们相信他具有执行这个任务的愿望和能力,他的这种感觉就会加强。然而,不能允许学生学习某个主科超过当月安排的任务,除非他已完成了合同中的任何一门课程。也不能允许学生在一两门课程上学习到高于他的年级的平均水平而在其他课程上落后于平均水平。否则,就只会让他有机会回避发展他学习得比较差的课程,并且忽视互相联系起来的且富有活力的课程的价值。统一的标准确保了他会根据情况安排时间,以便大多数时间用于克服他个人的弱点和困难。计划教会他如何去安排他的时间,以便够他使用并让他进行得慢一点、仔细一点。使用这种方法,他能为后续的每一步骤做好准备。他的各门课程将得到很好的平衡,他也将得到全面的教养。

每个月安排作业的数量是教师遇到的难题的一部分,并且是极为重要的一部分。好的课程编排应该根据情况平衡起来且相互关联起来,使合同作业中包含的课程内容不多不少。在低年级,通过合理分配时间,学生应当能够轻易完成任务,不要要求更多。一个10岁的孩子学好他那个年龄的普通孩子能学的东西就已经很好了。如果要重塑教育制度,使之适应学生的能力并满足学生在各个年龄段的需要,那么研究一下孩子的心理是必要的。

上面我们谈的是学生的问题,现在我们转过来谈学校的建筑。很显然,道尔顿计划要求建立实验室,课程表中的每门课程需要一个实验室,虽然在教师数量少的情况下,可以在一个实验室中学习两门课程。每个实验室应当由一个某一门或者某几门课程的专家负责。我将在后面的章节里讨论每个实验室与教学计划的关系。眼下,我要强调的一点是,这些实验室是孩子们"做实验"的地方——他们在这里可以自由地做自己的作业,而不是孩子们被用来做实验的地方。

学校的教材藏书应按照学科分布到这些实验室中。当然,必须确保每个学生总是能拿到必需的书籍,科学实验室藏有科学书籍,在历史实验室中有历史书籍,依此类推。关于这些书的构成,应有几本标准教材,还要尽可能增加参考书的数量。不妨让学校的图书馆收藏一些专门为成人撰写的书籍。迄今为止,人们看到的这些书是在家里,而不是在学校、书架上。要记住,任何书籍都不会因为写得好而致使孩子失去兴趣。学校普通的小册子简单乏味,没有一点文学性,厌恶学习之所以成为一般学生的特征,这种情况要负一半责任。正是在学校,我们未来的成年人要去了解那些作为人类共有遗产的文学宝藏。从仅仅作为一种信息资源的角度来看,在开发学生智力的过程中,最有价值的做法莫过于给学生一个机会,让他能够比较不同作者关于他正在研究的主题的不同观点。

在影响实现真正的教育的所有障碍中,被道尔顿实验室计划毫不留情地废除的就是课程时刻表。即使对于教师,课程时刻表也是一个讨厌的东西。校长为了不让教员感觉到自己教的某门课程受到轻视,在划分课程学时的事情上非常为难,我听过多少次校长对这种困难的抱怨啊!结果,课程时刻表不是按学生的兴趣而是按教师的兴趣编排的。对于学生,课程时刻表只不过是一种折磨。它的废除实际上是学生解放的第一步。

假定在某个学校的实验室中,所有的班级和年级每天早晨的学习时间都是从上午9点到12点。在道尔顿计划中,这3个小时用于主科课程的学习:地理、历史、数学、科学、英语和法语。在学生自己安排学习时间之前,每个人都要先与他的教师协商。他的教师在新计划下变成了某一科目的专家或指导教师。教师和学生一起检查学生的合同作业,把他的科目归类为优良和较差。某个孩子热爱并乐于学习的科目通常是他的优良科目。他的较差科目几乎总是那些他发现自己难于理解和消化的科目,这主要是因为他一直都没有给予这一科目以足够的时间。

为了说得更清楚一点,我举一个实例。玛丽·史密斯是一个2年级的学生,在她的指导教师的帮助下,她对她所学的各个科目进行了分类,我们假定这些科目分成如下两类:

较差科目	优良科目
数学	英语
法语	历史
	地理
	科学

在她可以分配的3个小时的实验室时间,我们可用下面的等式表达出她的个人需要:

$$3\text{ 小时实验室时间}$$
$$\text{数学}+\text{法语}=\text{英语}+\text{历史}+\text{地理}+\text{科学}$$
（较差科目）　　　（优良科目）

在接受她的合同作业之后,她必须把整个任务记在心里。由于数学和法语较差,她需要在这两门课上花费与四门优良科目加起来一样多的时间。如果使用课程时刻表,尽管玛丽有自己的困难,但在学习数学和法语时,她都只能使用与2年级的其他学生一样的时间,而那些学生可能有许多人在这两门课上学习优良。对课程时刻表的谴责,还能找到比这样简单的展示它的运作方式更为彻底的吗?

从课程时刻表的专制下解放出来后,如果玛丽对那些科目不再反感或者这些科目不再是较差科目,她的时间等式也会改变。但只要她的问题还可以表示为上面的等式,她就应当把她三个小时可用时间的一半用于数学和法语,留给其他科目的只有剩下的另一半时间。如果她的法语比数学要好,那么那一个半小时还需再根据情况来分配。

然而,玛丽可以任意选择哪门课先学习,然后她就进入该课程的实验室。选择在她对该门课兴趣最大的时候来学习,她会学得好并且学得快。一旦进入实验室,玛丽就开始自己一个人学习,但如果她发现来了2年级的同伴,她就和他们一起学。这就是道尔顿计划中的实验室规则。计划把大班组细分和还原,并创造进行深入学习的学生小组。学习小组可以激起大家讨论和发挥群体影响。这种小组的教育价值是巨大的,它不仅给实验室提供了一种氛围,同时也为社会适应和体验提供了机会。小组活动也激发了大量的思想交锋。由于玛丽是自愿进入那个实验室的,而且她可以自己随便离开这一个实验室到另一个实验室去,因此,不会产生纪律问题。她进入实验室,心思就放在这一实验室的课程上;她离开实验室,也就不会再挂念这一课程。她对课程的兴趣约束着她的心思,她的整个心思都被用于她的学习。时间并不会浪费,因为尽管一般的课程时刻表已经没有了,但她与自己的指导教师商定之后制订了一个专门针对她自己的课程时刻表。为了让学生认识到时间的价值,这样做是非常重要的,对于年际小的学生尤其如此。把时间花在我们精神和道德的需求上就是把好钢用在了刀刃上。

  对玛丽来说,有一点也是至关重要的,那就是她应该确切地知道她在所选择课程中的进步情况。为了达到这一目的,我设计了一组前面提到过的图表。由于需要专门一章来叙述这个问题,我在此仅把它们作为实验室设施和程序的一个部分简单谈论一下。一共有三种图表,第一张图表提供给教师或导师,用于跟踪每个学生的进步情况并与班级其他同学做比较。学生本人也可用它来比较他与同伴之间的进步情况。但玛丽也有她自己的合同作业图表,她在上面记录自己每天的进步情况。第三张图表描述整个班级或整个年级以及每个学生的进步情况。

  为了使学生对其工作有个全面的了解,学生的进步应以完成了几个周的任务来衡量。玛丽需要学习6门主科,每科都有4周的作业,这样,她的作业合同上就需要有24个周的任务。因此,在一周接一周的每周完成任务的图表上,对她的成绩的评判并不是按照独立的课程来进行的,而是看她在总共需要完成的任务之中完成了多少周的工作量。

  以这种方式,学生就能在一件一件任务的完成中稳步前进,去完成他的班级的全部课程。如果在一个 9 个月或者 10 个月的学年里，由于疾病或缺课，他仅完成了 8 个月的任务，那么，在下一年里，他就从第 9 个月的任务开始学习。相反，较聪明的学生则可能在一个学年里完成规划的 18 个月的学习量。通常，较迟钝或智力较差的孩子也很快取得进步，无论如何，他以自己自然的速度获得了良好的发展。

第四章 道尔顿计划的应用
——一个具体的例子

除了为9岁以下的孩子开设的幼儿学校或小学以外,道尔顿实验室计划可以用于任何其他学校的重组。除这一限定之外,我们把美国的学校按初级、中级和高级进行分类。由于我主要是为英国读者写这本书,当涉及英国学校时,我将用小学(elementary)和中学(secondary)来代替。在美国,小学是初级学校,通常由4年级到8年级几个年级构成,可能是私立的,也可能是公立的,即收费的或者免费的。对我们来说,公立学校都是公费资助的免费学校,不像英国的伊顿(Eton)公学和哈罗(Harrow)公学那样只向那些父母提供得起学费的学生开放。

作为一种综合原则,道尔顿计划被当作一种有效的措施来应用,目的是为了完成在不同年级和班级中已经成为标准的工作计划。我曾经希望,把道尔顿计划用于组织一所新学校而不是改组一所旧式学校,通过这样做使道尔顿计划在我们的教育理念的方向上进一步推广,然而,这是否成立仍是有疑问的。如果是组织一所新学校,道尔顿计划可以被用来完成完全由学生本人设定的计划构成的更为自由的课程,在这种情况下,教员只是作为一种顾问式专家。

然而,目前我的考察只限于道尔顿计划作为科学和社会重组的有效措施这一方面的应用。为此,我必须再次强调,我们有必要牢牢记住:我的计划或"方法"不仅意味着课程和方法的改变,还意味着学校整体生活面貌和精神面貌的改变。我把这称为学校的社会化,在实验获得成功的过程中,这种社会化和解放学生一样至关重要。

为具体阐明我的想法,我谈一下道尔顿实验室计划在一所初级学校开始实施时的情形。首先要解决的是教学问题。这所学校共有150名学生,年龄从9岁至13岁不等,分成从4年级到8年级5个年级,每个年级有30名学生。这所学校是一所免费公立学校,如果是私立收费学校,班级规模肯定会编得更小。

5个年级各占一间房子,每个年级都按照常规管理或者由年级教师负责。数学、历史、地理、英语和科学是主科或者"知识工具",每个年级都要学习。这些课程是标准的基础课程,也是进一步深造的基础。法语、音乐、艺术、体操、针线活和烹饪课是辅科,但在该校采用道尔顿计划之后,法语也成为一门主科。在道尔顿计划采用之前,主科每日讲授,辅科则一周讲授几次,虽然音乐课在某种意义上是天天都有的任务,因为孩子们通常以歌唱开始他们的学习。实际上,整个上午都是主科的学习,而下午则是辅科的学习。后来,音乐和艺术以实验室为基础,从事这两门课教学的教员是全职的,而不是一周来两次。

有一段时间,道尔顿实验室计划成为人们讨论的对象。有一天,这所学校的校长召集了5个年级的女教师开会讨论道尔顿计划。这些女教师都只是一般教师,和她们行当的大多数人相比水平差不多。她们都表现了对旧体制运作的不同程度的不满。她们中有几个人认为,旧体制要求每个教师在教课程表中的任何一门科目时都是专家,这使得她们有点像万金油似的,什么都知道却什么也不精。她们都证实,提起学生们对她们所教课程的兴趣,是她们最经常遇到而且常常是不可克服的困难。她们厌烦去做当天按照时刻表安排的事务,许多课堂时间都消耗在如何克服这种厌烦上了。有位教师相当悲哀地描述了她为了激起学生的兴趣是如何把课程搞成戏剧式的。在为了组织教学内容而搜索图书馆的资料之后,她常常是彻夜准备教案,以便上课时以令人兴奋激动的方式把教学内容表现出来。她上的是历史课,她说,有一次,她以一种浪漫的方式讲述印法战争来吸引学生的注意力。然而,她费尽精力得到的仅有回报却是,一个学生要求讲些关于北极和因纽特人的东西,也许是当时教室窗外纷飞的雪花所导致的吧!

其他教师也谈起类似经历。所有教师都认为,学生的接受能力各不相同,调节课程的特点和时间,使之适应学生是不可能的,这是教学体制的一个缺陷。有的孩子机敏,一些课程对他来说较容易,因

第四章 道尔顿计划的应用——一个具体的例子

而对课程的领会比较快,对他来说通常是课程太短。有的孩子心思跑到了窗外,去想某些他天生就热衷的事物去了,课程对于他而言太长了。而有的学生比较迟钝,需要教师对课程有更多的讲解,领会概念也比较慢,课程对于他来说简直就是长得过分了。即使是那些执行纪律严格的教师也承认,虽然她们能管住她们的学生的身体,学生的思想却几乎总是要逃到九霄云外。

校长提出的一系列问题引出了一个事实:那就是每位教师都有一门喜欢的科目,她希望一直只教这一门课。同时有几位教师补充说,讲授几门课程的知识所付出的努力与她从学生那里得到的成果相比是根本不成比例的。在这种情况下,宣布要废除旧的不能令人满意的教学体制,五位女教师都很乐意地表示接受就毫不奇怪了。随后她们被告知,学校将按道尔顿实验室计划重组,在道尔顿实验室计划中,每个教师将能够倾其全力教好她最擅长的一门课,并且仅仅是这一门课。从此以后,原来的年级教室将全部转变为实验室,在实验室里,不同年级的学生将在专门教授一门课的教师的帮助下学习同一门课。

下一步就是重新配置实施新计划所要求的学校设施。所有的地理工具书、地图和地球仪都集中到一个房间,这些东西的数量超过了将来的需要,说明道尔顿计划在经济上也有其优越性。对与其他课程有关的工具也如法炮制。最后,图书馆的资料也按同样的原则分配到各个实验室。很明显,一个充满活力的过程就要开始了。教师之间弥漫着一种新的气氛,这种气氛使得她们在新的层面成为朋友而不是对手。每个教师都意识到,在未来她会有一个确定的、合意的工作领域,在此领域,她的利益不会与她的任何同事发生冲突。当然,也难免有些担忧;当这一巨大革新将要投入实践的严峻考验时,有些人表示她们有些害怕失败。有些人怀疑,某些学生以具有把教师最有希望的计划搞得一塌糊涂的天资而闻名,如果他们要破坏新的试验,那会出现什么情况?但对于人们的怀疑和预期的恶果,校长持一种乐观态度并表示反对。她相信道尔顿计划会创造奇迹并宣布实施道尔顿计划。她坚信,道尔顿计划一旦实施,孩子们的抵制情绪就会像6月的霜一样飞快消失。她重申道:"改变了环境,你就改变了压力。改变了压力你就会改变产品。"

  这个学校是在学期末决定采纳道尔顿计划的,这种情况使得她们在物质上和心理上有了必要的准备时间。原来教室的课桌在实验室里进行了重新组合,课桌都面对面摆放,5张为一组,以备不同年级的小组使用。为了让学生容易适应新式组合,各组桌子分别依次标上4,5,6,7,8,以表示使用桌子的小组的不同年级。用对应于这几个数字的彩色卡片以代表不同的年级,用标示个人进步情况的图表以检查学生进步的情况。在大厅中设立150个带锁的贮藏柜,贴上号码,每个学生以前堆积在课桌上的乱七八糟的东西可以存放在属于自己的柜子里。最后,艺术教师给她的每个同事制作一块标示板,钉在每个实验室门上以示实验室的科目。实验室外有一块公告牌,用于公布各年级的作业;室内有一块类似的木牌,用于张贴实验室图表。一个贮藏室被改成教师办公室——在此之前一直没有教员办公室,在教师办公室也设置一个布告栏。至此,学校的转变彻底完成。

  下面这个简单的图表,显示了从一教员多课程到一教员一课程的转变对于教员的意义:

教师甲	4年级数学	5年级数学	6年级数学	7年级数学	8年级数学
教师乙	4年级英语	5年级英语	6年级英语	7年级英语	8年级英语
教师丙	4年级历史	5年级历史	6年级历史	7年级历史	8年级历史
教师丁	4年级地理	5年级地理	6年级地理	7年级地理	8年级地理

  为了解决布置作业这一重要问题,我们仔细考虑了各年级学生的平均能力,以便决定5个年级的每一个学生在一个为期20天的学习月中应当完成的工作量。这一调查表明,以前给学生布置的简直是巨额的工作量,这使得教师们认识到,以前给学生布置的学习任务太繁重了。于是我们考虑给学生减负。通过协商和给予学生一定的已经完成的工作量,削减一些科目的工作量。教学上的削减减少了科目内容。削减完成之后,新布置的作业写在对应于各年级颜色的彩色卡片上,卡片挂在实验室外的公告牌上。历史实验室外的公告

第四章 道尔顿计划的应用——一个具体的例子

牌上公布了5个年级的历史学习安排,其他实验室也与此相同。实验室内的公告牌上挂着相应颜色的实验室图表,以记录每个学生的进步情况。

道尔顿计划的详细说明,交给教师们在假期中学习。当下个学期开学学生集中之后,校长向学生简要介绍一下他们学习安排的变动,然后告诉他们如何使用合同卡片和有关图表,并告诉他们已经取消了以往的课程表和上下课的钟声,从此时起,学生可以不需请示安静地出入任何一个实验室,可以学习任意一门课,学习多长时间都可以。早上9—12点3个小时是他们的自由时间,他们自己为这一段时间的使用负责。这一段时间如何分配要取决于某门课对于某个学生的难易程度。学生们被告知,将要根据他们完成合同作业的进展情况检查他们学习的情况,根据他们完成作业的方式检查他们在社交方面的情况。中午12点,4年级要向教师甲报告数学学习的情况,然后她要向其学生作一次数学口头讲授,并且从此之后每周一次这样听取汇报后讲课。同样,5年级要向教师乙报告,6年级要向教师丙报告,7年级要向教师丁报告,8年级要向教师戊报告。第一次口头讲授时,教师是作为学科专家和该年级的指导教师出现的,在此场合并不涉及道尔顿计划的社会和道德方面。关于新方法的这一方面,我们首先与学生的家长进行讨论,以后与学生本人进行讨论。

虽然学生被这种方法弄得有点不知所措,但学生对新方案的兴趣却立即表现出来了。为了使方案开始实施那天早晨就顺利进行,校长给各个实验室都分配了学生小组。因为每个年级有30个学生,所以她从每个年级抽6个学生,这样一共是30个学生,每个科目实验室都分配到30名学生,由已经在那里等候他们的教师进行方案的下一步教学。

或许我们可以把那天早上在教师丁的实验室发生的事情作为其他各实验室情况的典型。每个年级的小组分开,分别围坐在专为各年级而分设的几张凑在一起的桌子上。从室外公告牌上抄来的各年级的学习安排表被分发给相关的小组,每个小组的一位同学低声读给小组的其他人听,同时,教师丁从这个小组走到另一个小组,提出建议和帮助。分发给每个学生笔记本,一门课一本,笔记本放在实验室内或收藏柜里。整个学习安排宣读之后,学习安排的副本就分发下去供全组使用,同时要求把这个副本保存在年级的桌子或书桌上的一个文件夹里。至此,教师告诉学生开始学习,如果学生需要帮助,他可以与自己组里的一个成员或者他们的教师交流。没有交流,密切的讨论和思想的交锋是不可能出现的,实验室只会变成一个学习场所而无法形成一个互动激励的社会。任何一个学生,当他完成第一周作业的任意部分后,他就被告知,他可以离开本实验室到他想去的下一个实验室了。离开前要在个人及年级图表上填写自己已经完成的学习量。

20分钟后,学生就对学习的组织安排有了大致的了解并开始学习。由于学生们都沉浸在课程中,实验室几乎是默然无声,或者像教师丁后来所说的那样:"你感到了一种气氛的出现,学生们在进行真正的、令人满意的工作。"上午课间休息,一个接一个的学生完成了一件作业,教师丁挨个问学生接着想去哪间实验室。这个问题只有在第一个上午是有必要问的,目的是为了确保学生真正决定下一步将学习哪一个科目,并弄清学生是否真正选择好了下一个学习科目,同时帮他稳定情绪和给他必要的鼓励。如果他在犹豫,就劝他留下来,直到真正作出决定。学生从其他实验室进来后,教师丁像迎接客人一样迎接他们,因为这样可以消除学生心里的拘谨和窘迫之感。幸运的是,原来的一方唠叨和强迫以及另一方愠怒的抵制情绪都消失了。

按照学习安排,各年级学生在12点钟都回到了指定的实验室汇报。然后,教师对某一科目进行45分钟的讲授,并交给他们这种上课方式的一周计划表。在这个计划表中,每天要处理一个不同科目。这种上课方式现在被称作"讨论会"。因为在上课前,整个班级的学生是在不同的实验室中,以个人或者自愿的小组的形式进行学习的,上课之后才集中在一起商讨他们的学习安排问题。在这种讨论会上,他们比较各人的进步,提出和讨论他们个别的难题,并帮助解决同伴们遇到的困难。学生们对于讨论会表现出最大的热情,讨论是真诚的,对于所有有关的人都是真正有帮助的。每次讨论会都是社会性的,因为学校已经通过道尔顿计划变得社会化了。

第四章 道尔顿计划的应用——一个具体的例子

每周一次巡视学校的学科督学对这个新计划也产生了浓厚的兴趣。新计划使得一位访问学校的督学者可以在上午的任何时间都能在她的学科实验室里看到这一科目学习的全面情况。通过考察教学安排可以轻松地检查学科内容。在道尔顿计划下,她不必再花很多时间去建议教师如何维持纪律和管理整个班级,而是能够与其他学科督学者和教师一起讨论和联系教学工作。同时,图书管理员可以每个月在一所学校待上几天时间,从一个实验室到另一个实验室去处理图书维护和更换之事。

接下去的几个上午、几周、几个月的情况更进一步证实了新组织方案第一次尝试的成功。在此计划的影响下,学习的确变得像游戏一样快乐有趣。

第五章　如何布置作业

　　如果说道尔顿计划以作业的布置为核心,那是不会有错的。因为,新计划的成功实施,很大程度上依赖于编排作业的技能和理解力的水平。如果我们想到学生只有通过一个个独立的作业安排,才能把握希望他完成的任务全貌,我们就会认识到作业布置的重要性。总体说来,它们代表了学习合同各方面的轮廓。

　　虽然针对学生能力的作业调整向来就是教师的主要问题,但站在学生个人的立场上看,作业布置问题至今还未得到足够的重视。给学生布置的预习任务常常是要求学生学习书本或手册的多少页,而且这样的要求也常常是在一节课的末尾甩给学生的,学生这时的心思早已被下课铃声搞得转向另一节课了。在这种情况下,如果学生不能抓住匆忙之间布置的作业的确切意义,甚至搞不清作业与当下的课程的关系,就一点也不奇怪了。

　　好的作业布置方案的第一个要求是:作业布置必须是书面的,而不是口头说的,要表述清楚,使学生懂得布置作业的目的是什么。在把布置的作业写出来的时候,教师要消除她是在为自己写教案的想法。这里需要的是一个供学生使用的计划,这个计划能够在学生攻克自己合同作业的各个部分中起到指导性的作用。好的作业布置方案是从学生自己的立场出发而编写的全部作业的一部分。

　　不论哪个年龄段的学生都很少有人知道应该如何学习。道尔顿计划的主要目标就是去教会学生如何学习。教师应该注意一开始不要对学生要求得太多。如果整个作业合同与一般学生的智力相适应,则学生的多方面才能、智力会得到更好的发展,总体学习效率会得到提升。无论如何,合同作业不要超过学生把握合同作业整体的能力。学生在对自己的时间作出明智的分配,并且开始始终一贯地去完成合同作业之前,必须能够理解合同作业。只有给他布置的作业他感觉着有能力完成的情况下，作业才能激励他的学习兴趣的增长，并最终促成他的创造力的提高。

经验表明，同一年龄或同一年级的学生有明显的智力差别，在这种情况下，最好是对布置的作业做一下调整，比如说，使三种不同类别的学生都能够做到。最少的作业只要求包含一个年级的基础知识的必要内容，在布置作业时对班上天赋最差的学生不要施加太大压力。中等作业将给予另一组中等智力水平的学生，而最大量的作业则是为班上的尖子生安排的。道尔顿计划投入实施一段时间后，学生中的普遍现象是：任何人都得以在智力上打好基础或者取得发展，因此，可以把一些学生从做最少作业的群体转到做最大量作业的群体中。但务必牢记，作业上的统一并不意味着学习进步情况也是相同的。

一个月的合同本来也能让学生有足够充分的认识，但即使是一个月的合同也应当分成几个周，以便学生在完成合同作业的过程中能记录下他的每一步进展。这样做，他会对自己完成如此多的工作感到满足，同时也鼓励他们进行新的尝试。但为了达到这一目的，给学生布置的作业必须编写成教学纲要似的东西，它不仅指出要完成的基本任务，还要包含有益的建议和需要解答的一系列具体问题。

包含这些有益的建议应当是作业布置的关键特征，我更喜欢称这些建议为"兴趣袋"。在此，教师对学生心理的认识发挥了作用。教师在准备她的作业布置方案时，必须考虑到她班上每个学生的特殊需要和兴趣。这对创作"兴趣袋"是必需的。教师在语言上不要显得太过专横，比如说"阅读这些参考资料"，而应该说"你会发现这些参考资料是有帮助的"，这样就能激发学生的兴趣。这样的用语能够吸引学生的注意力，那些"兴趣袋"也因此使得作业生动活泼。作业内容不宜写得太细，而应鼓励学生的研究热情。

这样布置的作业简直可以起到一个助理教师的作用。有些地方学生最好跟教师商讨，作业中也应该写明，例如，对于数学作业，可加上一句"在完成指定的任务后来找我，我再给你解释下一条规则，然后你再继续你的作业"。学生会珍视使他的学习变得容易的任何建议。我们不要替他做作业，但要为了鼓励他努力学习，偶尔也可给他一点帮助以克服他前进道路上的困难。我们想要达成的理想是,让学生感到教师关心他的进步,而又不能使他依赖教师。在作业中引入"兴趣袋"的做法对于建立这种师生关系是很有帮助的。

但这种师生关系不应局限于一个班或一个年级,学生之间必须相互关心、相互作用,教师之间也同样必须相互关心、相互作用。没有这一点,布置作业时各学科的相互联系就谈不上。所有学校都有一种通病:任何一个教师都认为他所上的课程是所有课程中最重要的。为了使得自己的课程能够得到自己所想的那种公平对待,教师总想占用本来应当给予其他学科的时间。在布置作业的过程中,要想对各学科的安排比较合理,所有教师就必须都愿意把他们对学生心理的认识以及他们对每个学生的兴趣和能力的掌握情况汇集起来。为达到这一目的,至少在把布置的作业公布在公告牌上之前一周,就要把打算布置的作业公布给教师,以利于他们开展工作,并让他们讨论。这样,教师就能在调整和削减每个科目安排的作业量方面进行有效的协作。于是,作业的布置问题就成为全体教职工共同承担并一起解决的问题。

为了学校的整体利益,关键是要以综合的眼光来看待工作规划。我们考察一下作业内容,就能发现各门课程的学习应当如何互相联系起来。例如,在历史或科学课上布置了某个特别有趣的题目,英文教师就可以在其中找到一些东西作为写作、辩论或口头表达的好材料。校长的责任就是要强调:每个教师教授的特殊课程在作业中的重要性,要取决于这一门课程对于其他教师的新意义以及在这门课程的发展中教师能在多大程度上取得其他教师的合作。

作业布置中这一点极为重要,下面我借用实例来仔细解释这一点。以艺术课为例,艺术课程属于全校而不只属于艺术教师,艺术教师只不过是代表全体教师负责这一门课。如果艺术课只在画室里上,只是在年度展览的时候才给大家看到,那它就是死的东西。它只有渗透到各个课程并为各个课程服务才能有生命力。要做到这一点,艺术教师不仅要让学生对艺术课感兴趣,还要让他的同事们都感兴趣。以某一特殊学科有最高的价值为由,吸引学生对这一学科投入大量的学习时间,只会浪费时间。只有当教员们都认识到,他必须让自己的课程适合学校的整体教学方案,使之满足大家的需要并且要让同事们把他们的课程与他的课程相互合作,才能取得良好效果。不要忘记,不是学生而是教师要对课程的修改负责、要对作业中各学科之间的相互联系负责。学生态度的转变和对教学的欣赏是教师们成功的标志。

关于这一点,我们在儿童大学学校里处理问题的方法是值得一提的。当时,地理教师要求一种特制的笔记本,用来记录地理课的问题。后来,这种本子是由艺术实验室制作的。笔记本并不是艺术课的最终目的,但制作精美的笔记本则是一种得到地理教师赞赏的方式,同时也扩展了艺术课的范围。假定这一课程部的教师在教家庭装潢课,他让他的学生去手工室做这一工作必需的手工部分,做完后再把手工部分带到画室,这样一种协作的影响力对统一各有关课程的教学目标是极有价值的。但只有在各课程部的负责人之间达成共识之后,这种协作才成为可能。

在艺术教员知道地理课或其他课程布置的任务之后,他就可以在同一节课布置他的艺术问题。例如,他可以从笔记本这个中介开始。由于把笔记本做得很漂亮,这一节课就会在孩子们的心目中变得灿烂起来,艺术也因此逐渐成为孩子们生活的一部分。又如,如果地理课上在讨论行星系统的问题,数学教师可用它来演示代数和几何问题,同时,艺术教员可以提示学生去关注在市博物馆可以看到的美丽的天体图。大体上说,任何有用的东西都有其美丽之处。儿童大学学校的艺术和音乐教师把他们的课程广泛服务于其他课程,以至艺术与音乐作为一种生命力渗透到了各个实验室。结果,人们认为艺术课与音乐课跟其他课程具有同等的重要性,因而也把等量的时间给了艺术课与音乐课。我们发现,任何学习活动,只要引入"美",都会变得生机勃勃。

因此,每个班或年级的指导教师都应该有他的班级或年级的全部课程的作业布置的文本副本,以便他在指导每一个学生使用最好的办法来完成学生自己的任务时,能够把握整个学习任务的细节。关于学习任务的安排,对于大学和高级中学最后两年的学生来说,可以不必把月工作量细分成周工作量。然而,我主张,在道尔顿实验室计划刚开始的时候，不论学生年龄大小，帮助学生把学习任务按周次分开是比较好的。因为学生已经习惯于以囫囵吞枣的方式接受教师口头布置的作业，他们一开始是很难想象整体的合同作业的。学生们一天接着一天地学习，却想办法尽可能少学习的习惯不可能一下子抛弃，而把精力集中于安排自己的学习和计划自己的时间需要努力和毅力。学生会渐渐学会问自己："我的弱点在哪儿？要学好这门课或者那门课我该怎样做？"而不是问："为了逃过批评，我要学习多少东西？"这一转变意味着学生学习态度的根本转变，常常也意味着对教师态度的转变。那些想尽可能少学习的学生最能揣测不同教师的心理，他们本能地知道每个教师要求的到底是什么，哪个教师更容易对付。但学生从对付教师的角度来考虑自己的学习，当然会对自己的进步造成致命的损害，无论这种进步是哪一方面的。这就构成了一种严重的道德风险，因为这会促使有责任心的教师逼迫学生学习，而他越想着把知识喂给学生，学生就越不愿意通过自己的努力来吸收知识。实际上，你教得越多，他学得越少。

在作业的内容组织方面，不同的学科当然要区别对待。然而，不论是什么课程，有几点必须强调。如果我们想让学生自己挖掘知识的宝藏，就必须给他必要的操作工具。教师必须小心防止自己在布置10种或者不足10种的不同作业时，使用10种不同的方式，因为，这样你就不能指望学生能够把他的任务看作一个整体，除非作业的各个部分联系密切，在他看来真像是一个问题。在制定协调一致的作业方案过程中，10个不同的教师若缺少相互协同合作，那么，就会对学生的身心造成危害，就像10个承包商共同建造一栋楼房而不考虑设计师的设计图纸一样。设计对于作业组织和对于一栋房屋的建造一样，是不可或缺的。

下面是一个提纲，说明哪些东西应包含在作业布置之中。不论是对小学生的细分成周工作量的月作业布置，或是对大一点的较高年级的学生的没有细分成周工作量的月作业布置，都可能是有用的。

科　目

(年级)　　　　　　　(作业合同号)
必须牢记的要点
本月学习内容序言

第1周

1. 主题
2. 问题
3. 书面作业
4. 记忆作业
5. 讨论或者讲授
6. 参考资料
7. 工作量的单位（以学习的天数计算）
8. 板报学习
9. 课程部工作量削减

在第2—4周的作业布置中，可以包括上面的部分或全部要点。无论哪种情况，都要牢记全部要点，因为每一细分的周工作量虽然是整个月工作量的一部分，但其自身是一个确定的单位。最好各个步骤能够使用尽可能统一的标题。合同作业的号码当然要用学年的月份数来标示，如：

年级	科目	合同序号
2	地理	3

对没有经验的教师来说，有必要对这些要点加以阐释。

序言：对合同作业的介绍。由几句话的简单描述构成。最重要的是，序言应是一个"兴趣袋"。

主题：指一般课程的某个方面。比如地理课，那么主题可以是"中国""石油"或"和平会议"等。对年幼的学生一定要给出一个主题。主题描述的是一个有待展开的中心思想。

问题：这一词包含的内容较多。当需要达到某个确定的目的或者激起某种反应时，我们就可以以如下形式提出问题，如绘制地图，尽可能准确地测量、找出思路或研究图片，等等。当需要集中学习一点内容或者阐明一条规则时，问题也可以是做例题或者证明定理，翻译,音乐课的变调或主题,艺术课的模板设计,科学课的实验以及一组练习,等等。

书面作业:此标题下列出的是书面作业的内容和交作业的日期,这里指的是写在笔记本上或其他材料上的作业。

记忆作业:包括需要背诵的诗文,规则或者图表,动词或者歌曲,定理,条约,导言,等等。

讨论会:指出某日某时就某个议题展开讨论,并要求学生以负责任的态度认真准备讨论并准备好要展示的东西。

参考资料:列出让学生查找的参考书或杂志、文章的名称,如果作业太多还应列出参考资料的页码,并说明到哪里去查找这些资料。

工作量单位:在这里,有必要教给学生如何在合同图表上记录他的学习进展情况。因为这显示了学生的任务完成情况,并指引学生去发现和满足自己的需要。无论是进入哪一个实验室,参加哪一次班级会议,学生都应当带着图表。合同图表是学生学习中的出入凭证,学生每天都要准确地填写。合同图表也是一幅学生在工作中的心理活动情况图。除了极少数时候,学生并不是把一个月的工作或者哪怕是 1 周的工作一口气做完的。因此,如果是学习外语,在任何 1 周的学习任务中,语法、翻译和口语都是必修的内容,那么就应该说明学习任务如何用工作量单位来表示。例如,语法可以算作两天或者两个单位的工作量,翻译算两天的工作量,阅读算 1 天的工作量。在一个月的作业布置中,例如英语,学生复习英语教材的工作量可以这样计算:阅读算 1 周的工作量,书面作业算 3 周的工作量。

公告牌学习:如果实验室公告栏展出一些要求学生结合某一科目某方面的内容进行学习的地图或者图片,或者要求学生制作用来展览的材料时,都要在此标明。

课程部工作量削减:因为我已在前面讲述过这件事,这里就只是简单重申一下。如果可以确认,学生有一门课的学习任务也能算作另一门相关课程的学习任务,那么,另一课程部就可以削减自己的任务。例如,如果一篇科学课论文的英文文字很好,那它也就可以算作英文作文课的作业,合同作业的该课程部学习任务因此可以相应地削减。只要有学习任务可以这样折算,在作业布置中就必须说明。

问题、书面作业和记忆作业这三个标题所代表的内容是紧密相关的。有时,问题的内容实际上就是要记忆的内容,而有时,记忆的东西又可以附属于真正的问题。在英语课上,写一个书评可能就是要设置的问题,而科学课设置的问题可能是一个实验,书面描述只是附属任务。如果写作任务不是作为一个问题要求,而是要求描述一个问题,那么它就应该列在写作标题名下。

在组织作业时,要牢记的最主要和最重要的一点是,作业布置必须清楚地向学生阐明他们的任务到底是什么。必须明确地告诉他希望他做什么,而他在完成作业的过程中可能遇到哪些困难也必须明确指出。我希望在未来的师范学校中,能够培养精通这些问题的专家。为了成功地为我们的学校造就真正有价值的师资,必须注重教师的文化背景(cultural background)和文化需要。要给予教师充分的心理学训练,以便教师能够了解学生的天性、学生的心理过程及其发展状况,这也是教师自身素质至关重要的一部分。就专家型教师的培训而言,必须提供覆盖某个学科全部范围的强化训练所需要的条件。

对于那种重视孩子性格和需要的教师以及那种把自己管理的学生作为自己的主要研究对象的教师来说,按照道尔顿计划来重组教学活动是不会有什么困难的。如果教师对其科目有深入的理解,他就不会片面地把自己的科目理解为纯粹地方性的。当今美国的历史课往往过分地从本民族的立场出发来教授,学生常常在无意识中产生这样的印象:好像整个世界历史开始于美国建国的1776年!可能有人认为这是爱国主义的教法,而这种教育让孩子变得狭隘的影响是显而易见的。只有把历史作为世界史来学,把所有学科基于整个宇宙来学,学生才能成为一个完整的人,才能成为一个好公民!

第六章　作业布置实例

根据实例胜于说教的原理，我在这一章中会列举一组作业布置实例。为了说明如何把上一章要求记住的各个要点应用起来，我先引用8年级学生科学课作业的两个实例。第一个方案我认为是有缺陷的，因为对于执行其学习任务的学生来说，它不够详细，也没有给出充足的提示。在第二个方案中，你将看到第一个方案的错误被纠正了。它的序言中包含必要的"兴趣袋"，对于工作量单位的计算也有清楚的说明。这一方案考虑到了学习任务的整体性，因而能让学生对于合同有一个全面的了解，并能激发实验室中自愿组成的班级小组间的互动和讨论。

我在这里提请你们注意这样一个事实，作业布置并没有明确分解成每天的工作量。如果分解成每天的工作量，就会使学生失去兴趣，并且剥夺了学生根据自己的学习需要来安排时间的必要自由。

科学作业
作业1
（有缺陷的版本）
8年级科学课第5个合同作业

第1周

运动和力：

首先，我要求你学习艾萨克·牛顿（Isaac Newton）爵士的运动三定律，这3条定律你可以在希金斯（Higgins）书中的第3章第1节中找到。仔细研读这一节，做一做第47页上的实验，在百科全书中找出你能找到的有关牛顿爵士的所有资料，然后在你的作业本上写出第49页上所列问题的答案（3天的工作量）。

在你继续学习的过程中,你会发现牛顿定律的一些作用。阅读希金斯教科书第 50—54 页及 64 页有关这方面的内容,直到第 64 段。还有 6 个实验要做,确保你能知道诸如惯性、动量、重心、出发点和平衡等概念的含义(2 天的工作量)。

第 2 周

这周我们将继续学习牛顿定律的作用。学习希金斯书中的第 54—60 页。这里有 7 个实验要做,请在作业本上记录这些实验的结果(2 天的工作量)。

回答并写出希金斯书中第 59—60 页上问题的答案(2 天的工作量)。

功和机械:
认真学习希金斯书中第 60—66 页上的内容(1 天的工作量)。

第 3 周

功和机械(续第 2 周):
翻到考德威尔(Caldwell)和艾肯伯里(Eikenberry)所著书里的 173 页,思考一下那些问题的答案,然后来与我讨论这些问题(1 天的工作量)。

在考德威尔和艾肯伯里所著书里的第 176 页上,有 6 个示意图展示了各种不同类型的杠杆。在你的笔记本上写出它们各属于哪一类杠杆(1 天的工作量)。

在卡明斯(Cummings)所著的《自然研究》第 2 册的第 231—232—233 页上有一些要你做的滑轮实验。所有问题的答案请写在作业本上(实验算 1 天的工作量,回答问题算 2 天的工作量)。

第 4 周

功和机械(续第 3 周):
请用 4 个滑轮组成一个效率最高的提升重物的滑轮组(1 天的工作量)。

阅读考德威尔和艾肯伯里书里的第 15 章(2 天的工作量)。

回答希金斯书中第66页上的问题(要写出来,1天的工作量)。

用一组组合玩具构成一个机械模型,该模型类似于《教学手册》第10页上的旋臂起重机(Travelling Jib Crane)。

科学作业
作业1
(修订版)
8年级科学课第5个合同作业

第1周

运动和力:

如果没有汽油的燃烧,汽车能开动吗?螺钉怎么会钻进木头?自行车为什么需要润滑?为什么我们要使用滑轮?这些问题你是不是从来就没有思考过?每天我们都注意到我们周围发生的这些事情,但我们很少停下来想一想它们是怎么发生的!

这个月我们要学习有关这些日常发生的事情的知识,这些现象可以用某些物理基本规律来解释。同时也考察机械的一些一般形式,并考察它们是如何完成所做的工作的。为了更好地理解机械,我们必须对运动和力有一些了解。因此,本月学习首先要考虑运动和力的问题。

牛顿的运动三定律及其作用。

先学习这三个定律,然后进行以下实验,你会发现这样做比较好(参见参考资料1)。

实验1. 促使运动发生的力的方向决定了运动的变化,运动的变化与作用力的大小和力施加作用的时间成正比。

说明:把一个小球悬在一根长线的下端,用两只手的各一根指头成直角对准小球,同时撞击小球,然后观察小球的移动方向。

在进行下面与牛顿定律的作用有关的实验之前,需要对这些作用有一些了解(见参考资料2,并用下面的实验验证你所阅读的东西)。

实验 2. 惯性。

说明：把一张名片平放在指头的顶端，然后把一枚硬币放在名片上面的指端位置，用另一只手突然敲打名片的边缘，把名片打走，为什么硬币不随名片一同飞出？

实验 3. 动量。

说明：使用上面的那个小球，在同一个平面上滚动 2 次，一次用慢速滚动，另一次用快速滚动，记录一下两次滚动分别移动的距离。

现在让我们取两个球，其中一个球比另一个球重很多，让它们都在平面上滚动，开始的启动速度相同，记录它们各自的滚动距离。

实验 4. 重心。

说明：试着把一根尺子平放在你的手指上，尺子的质量中心在哪里？比较一下支点两边质量的大小。你认为应该怎样比较支点两边的重力作用？尺子的重心在哪里？现在把不同的重物挂在尺子上，确定整体的重心。

通过平衡在你的尺子上找到重心，并标出重心。把尺子平放在桌子上，沿着尺子边缘一点一点地向前推动，在尺子即将落地之前记下它的重心的位置。

书面作业

问题：见参考资料 1 和 2。

1. 复述牛顿的运动三定律。讲述所有你知道的有关牛顿的事情。

2. 给出任一物体自动进入运动态的例子，说出是什么外力使它运动起来。为什么我们终究找不出一个不加外力就能使物体永远运动下去的例子？

3. 如果两个相等的力以相对的方向施加在一个物体上，结果会如何？如果这两个力的大小不等结果又会怎样？

4. 反作用是什么意思？如果没有作用就没有反作用吗？世界上存在没有反作用的作用吗？

5. 给出反作用的例子，阐述反作用的应用，演示一下螺旋桨是如何推动轮船的？

6. 如果你用拳头砸墙，你会感到很痛，如果你用拳头去砸枕头，为什么不感到那么痛呢？

参考资料

1. 希金斯,《第一科学读本》,第3章第1节。

2. 希金斯,《第一科学读本》,第50—54页。

3. 如果要找到有关牛顿的资料,参看《美国教育者》或几本百科全书。如果有兴趣,你也可以参考J. 亚瑟·汤姆森(J. Arthur Thomson)教授所编杂志《科学博览》(The Outlines of Science)的最近几期。这些资料刚从英国运来。

工作量

实验将算作2天的工作量；书面作业将算作1天的工作量；参考阅读将算作2天的工作量。

第2周

关于牛顿定律的其他作用。

本周的任务是学习有关牛顿定律的其他作用。请按照以下顺序进行：稳定性、离心力、落体定律、摆。通过实验,你将对以上概念的理解更为清晰,但在做实验前最好先查阅有关参考资料。

实验1. 稳定性。

说明：将一支铅笔竖立,然后沿一侧平放。哪种情况底面更大？哪种情况下更稳定？

把3本书摞起来并检测书堆的稳定性。然后向上加尽可能多的书并检测其稳定性。哪种书堆更稳定？为什么？

试着放稳尺子,首先横着放,然后竖着放。哪种放法更容易？为什么？

实验2. 离心力。

说明：系一个小木球于绳子的一端,手持另一端做圆周绕转运动。你是否要用力才能抓住？为什么？突然松开手让小木球自由飞出去,注意它飞出的方向。它趋向于向什么方向飞出？用很短和很长的绳子重试这个实验,并解释两者不同的原因。注意：作用于绳子上的两个力是互相平衡的,一个指向圆心,另一个离开圆心。小木球刚好以绳子的长度作圆周运动。一旦松手,两个力都停止作用,小木球遵循牛顿第一运动定律而运动。

实验 3. 落体。

说明：在同一时间、同一高度往下放落两个同一尺寸的球体，其中一个为木球，另一个为铅球，仔细观察它们是否会撞在一起。重复这个实验若干次，确保所得结果正确无误。

将所得结果与纸片的下落情况进行对照比较。

实验 4. 摆。

说明：用一个木球和一个铅球制作两个长度相同的摆，让它们同时开始摆动，比较它们的摆动频率，即一定时间里各自摆动的次数。请问球的重量对钟摆的摆动速率有什么影响？

让一个钟摆在一小段弧线内摆动，数一下在 15 秒钟之内它的摆动次数。然后又让这个钟摆在一段较大的弧线内摆动，数一下在 15 秒钟之内它的摆动次数。请问，摆动弧线长度对摆动频率有何影响？（如果两摆弧长相差悬殊，则对摆动速率有些影响；如果两摆弧长都很小，则没有显著的影响）。

制作一个 4 英寸长和一个 16 英寸长的摆，比较它们的摆动频率。第二个比第一个长多少？哪一个摆动得更快？为了使摆摆动的频率有明显的不同，你发现了什么方法？

书面作业
问　　题

1. 什么是惯性？举例说明。你为什么不能让自行车立刻就达到你的最高速度？

2. 什么是动量？它取决于哪两个因素？通常如何测量动量？

3. 一发重 0.5 盎斯的步枪子弹以每秒 1000 英尺的速度飞行和一枚重 40 磅的炮弹以每秒 1 英尺的速度飞行，哪个动量大？

4. 为什么伐木工有时候在将他的斧头固定在一根木把上时，会将斧头倒过来，即木把在下，斧头在上，然后用木把的最上端打击石块？

5. 为什么不能把一个鸡蛋竖着立起来？如果有一个洞通过地心直达地球另一面的地表，那么一个落体会向洞中下落多远？

6. 在何种条件下，物体会被支撑住不往下落？

7. 物体的稳定性取决于什么？关系如何？为何踩在高跷上走路很困难？

8. 解释离心力的原因，并举例说明。为什么人在转弯时身子会向一边倾斜？为什么轨道的内轨要铺得低一些？

9. 一个落体在1秒钟内落多远？在两秒钟内落多远？为何落体在下落时的速度在不断增加？为什么总是落程越长，物体损坏越大？

10. 试描述一个钟摆。什么力使它向下摆？然后它为什么又向上摆？如果只有重力阻止它向上摆，那么与它向下摆相比，它向上摆能摆多远？

参考资料

米利肯（Millikan）和盖尔（Gale），《实用物理学》，第81—87页。

工作量折算

参考资料阅读算作1天的工作量；实验算作2天的工作量；书面作业算作2天的工作量。

第3周

功和机械：

什么是功？使用杠杆、滑轮、契子、斜面等东西可以得到什么？其实这些东西都是简单的机械。本周的学习任务就是要找出这些问题的答案。在做这些实验之前，你会发现先查阅一下第一手参考资料是有好处的。

实验1. 滑轮。

把一个滑轮绑在某一简易支架上，用一根绳子绕在滑轮的上面，让其一端吊一特定重量的重物，另一端连接一个弹簧秤，比较重物重量与重物被提升时弹簧秤测得的力的关系。

实验2. 滑轮。

把一重物连在一个动滑轮上，观察维持重物处于悬挂状态所需要的力。

实验3. 滑轮。

用一个定滑轮和两个动滑轮挂起一重物，观察维持此重物处于悬挂状态所需要的力。使用定滑轮的优点是什么？绳子的每一段各支撑了重物的多少重量？

书面作业
问　　题

1. 在一个动滑轮的情况下，弹簧秤支撑了重物多少重量？钩子又支撑了多少重量？

2. 在一个动滑轮的情况下，力的作用方向在哪？用定滑轮怎样改变力的作用方向？

3. 使用一个动滑轮提升重物 1 英尺高，力需要走多少距离？用一个定滑轮，情况又怎样？

4. 一个定滑轮和两个动滑轮组成的滑轮组，定滑轮和弹簧秤各自支撑了重物的多少重量？

5. 在第 4 题中，要提起重物 1 英尺高，力需运动的距离是多少？使用两个动滑轮的优点是什么？缺点是什么？怎样比较优点和缺点？

6. 在第 4 题中，如果再加一个定滑轮，结果会怎么样？如果再加一个动滑轮，结果又会怎么样？

7. 使用滑轮组和滑车之所以省力取决于什么？讲述一下计算方法。

参考资料

希金斯，《第一科学读本》，第 60—66 页。

工作量折算

每次阅读参考资料算 1 天的工作量(共 2 天)；实验算作 1 天的工作量；书面作业算作 2 天的工作量。

第 4 周

功与机械(续第 3 周)：

问题：我想现在你会发现，使用你自己的机械来观察某些机械和原理的应用，会觉得很有意思。所以，我要求你自己使用一套玩具组合来做一个转臂起重机模型。通过操作这个模型，你会看到如何组合杠杆和滑轮使其具有较大的优点。

书面作业
问　　题

1. 什么是功？怎样计算功？功的单位是什么？
2. 能是什么？功率的单位是什么？1 英尺磅是多少？
3. 什么是机械？机械能自己做功吗？
4. 一般意义上讲，机械对人类的用处是什么？
5. 阐述机械的原理，并演示杠杆是怎样运用这个原理的。
6. 为什么裁缝的剪刀柄短而刀口长，而水管工人的剪刀则是柄长而刀口短？
7. 为什么高速自行车踩起来比低速自行车更难？
8. 分别陈述一下二级杠杆和三级杠杆各自的优点之所在。
9. 列举一些你常见的螺丝的应用。
10. 解释各种机械中齿轮的作用是什么。

讨论会

在读完参考资料关于"功的一些一般类型"之后，在讨论会上向我报告你的读书情况。

参考资料

考德威尔和艾肯伯里，《通俗科学》，第 15 章。

工作量折算

问题算 2 天的工作量；书面作业算 1 天的工作量；讨论会算 1 天的工作量；参考文献阅读算 1 天的工作量。①

历史作业

作业 1

（用于 8—9 岁 4 年级的学生）
4 年级历史课第 5 个合同作业

保罗·里维尔（Paul Revere）警告"民兵"英国人就要来了。从英国人在康科德（Concord）被击败之后，战火就停了几个月。英国

---

① 译者注：以上为科学课 1 个月 4 周的作业合同安排。

人心满意足地待在波士顿（Boston），也不去干涉"民兵"的事情。1775 年 6 月 17 日，英国人发现"民兵"在查尔斯顿（Charlestown）的邦克（Bunker）山上垒起了一座炮台。如果英国人不把美国人撑下山，美国人就可能把英国人赶出波士顿。英国人开始进攻邦克山，两次败退，损失惨重。在美国人用尽弹药后，他们终于攻占了邦克山，赶跑了美国人。这年夏天，乔治·华盛顿将军来统领波士顿附近的美国军队。次年春天，他在波士顿附近的多切斯特（Dorchester）高地架起了大炮，把英国人赶出了波士顿——他们钻进军舰逃跑了。然后，华盛顿去了纽约，英国人随后也到了那里，这次英国人胜利了。华盛顿被赶出纽约，穿越新泽西（New Jersey），英国人在后面紧追不舍。当华盛顿越过特拉华河（Delaware River）进入宾夕法尼亚（Pennsylvania）后，英国人不追赶了，以为永远把华盛顿赶跑了。

第 1 周

本周要阅读华盛顿是怎样在英国人没有丝毫戒备的情况下突袭英国人的。这里要解决两个问题。

问　　题

1. 假定你是华盛顿的一个士兵，那时英国人正在追击华盛顿，追过新泽西州，进入宾夕法尼亚州。记述一下你是如何跟随华盛顿在圣诞节的夜晚越过特拉华河的，又是如何占领特伦顿（Trenton）的。

2. 还是假定你是华盛顿的一名士兵，在 1776—1777 年间，这次你与部队一起驻扎在福奇谷（Valley Forge）。英国军队舒舒服服地驻扎在费城，而华盛顿与可怜的小股军队在福奇谷瑟瑟发抖。试着给你的孩子们写封家信，告诉他们你在军营内的生活状况。

参考资料

上述问题的参考资料来自《美国英雄故事》(*American Hero Stories*)一书。使用索引查找你要的故事。一个是《圣诞节的惊喜》(*A Christmas Surprise*)，另一个是《福奇谷的冬天》(*Winter at Valley Forge*)。

工作量折算

每个问题算作两天半的工作量；作文完成后交给我。

课程部削减

书面作业完成后经我认可,可作为英文作文课一周的工作量。

第 2 周

1776 年夏天,费城(Philadelphia)发生了一件十分重要的事情。它发生在英国攻占该座城市之前,它不是一场战役。它就是,《独立宣言》(*Declaration of Independence*)在 7 月 4 日签署了。这是我们本周要学习的东西。我想你对这件事情已经有了一些了解,也许你能对此知晓得更多些。

问　　题

有关《独立宣言》的问题,请用完整的句子写出答案。

1. 谁参加了大陆会议?
2. 大陆会议在何时何地召开?
3. 大陆会议所做的两项重要事情是什么?
4. 谁提出了独立的决议?
5. 委员会里的五个委员是谁?
6. 谁撰写了《独立宣言》?
7. 《独立宣言》签署的消息是怎样告知民众的?
8. 《独立宣言》签署的准确日期是哪一天?

记忆作业

背诵《独立宣言》的最后一段,它的开头是:"因此,我们美利坚合众国的议员……"

参考资料

本周的参考书目是《国家的缔造者》(*Makers of the Nation*)。

板报学习与讨论会

请大家阅读抄在黑板上的《独立宣言》。在星期五(2 月 17 日)的讨论会上,我们将对《独立宣言》进行讨论,我要向你们提问,问你们在板报上抄写的《独立宣言》上看到了什么。

工作量折算

阅读算作 1 天的工作量；问题算作 2 天的工作量；记忆作业算作 2 天的工作量。

第 3 周

本周我们要阅读并学习一位革命烈士的事迹。我不知道你们是否都明白什么是烈士。如果不知道，看看你是否能弄明白。这位烈士的名字叫内森·黑尔(Nathan Hale)。

问　　题

本周你的任务是阅读有关内森·黑尔的故事，然后来我这儿检查你阅读的效果。这里我给你提出一些问题，以便引导你研究他的事迹。

1. 内森·黑尔出生于何处？
2. 他在什么地方上的大学？
3. 说说他自愿冒险为华盛顿完成使命的情况。
4. 他装扮成什么样子？
5. 说说他的历险和被俘过程。
6. 他受到了什么样的对待？
7. 他最后说的话是什么？

工作量折算

阅读算作 2 天的工作量；有关阅读的报告算作 3 天的工作量。

第 4 周

我们可能读到很多关于革命战争的英雄故事。我们没有时间去阅读所有英雄的事迹，但我希望你们有兴趣去发现更多英雄的事迹。下面是一些有趣的英雄故事：

伊桑·艾伦(Ethan Allen)，本尼迪克特·阿诺德(Benedict Arnold)，阿尼斯卡特(Anescott)中校，盖茨(Gates)将军，赫克玛(Herkimer)将军，伊斯雷尔·葆勒姆(Israel Putnam)，默里·安萨雷·韦恩(Mad Anthony Wayne)，丹尼尔·摩尔根(Daniel Morgan)，纳撒尼尔·格林(Nathaniel Greene)，拉斐特(Lafayette)，拜

伦·冯·斯图本（Baron Von Steuben），罗伯特·莫里斯（Robert Morris），乔治·罗杰·克拉克（George Rogers Clark）。

本周我们还将学习另一位伟大的革命英雄——"美国海军之父"约翰·保罗·琼斯（John Paul Jones）。

问 题

请大家先阅读约翰·保罗·琼斯的英雄事迹，然后向我口头汇报你们各自阅读的情况。在没有我的问题引导和帮助的情况下，我希望你们来告诉我你们想讲的东西。来我这里之前请准备一下你要汇报的整体思路。

在2月24日的讨论会上，我将让一些在我这里汇报比较好的同学向大家重复他们的汇报。

参考资料

《美国英雄故事》和《国家的缔造者》。

工作量折算

阅读算作2天的工作量；汇报算作3天的工作量。

作业2

（用于9—10岁5年级的学生）
5年级历史课第5个合同作业

波斯战争结束了，希腊人不再害怕波斯人的进攻。雅典人回到家乡，发现他们的家园成为一片废墟，你一定记得波斯人就在萨拉米（Salamis）海战的前夕放火烧毁了雅典城。斯巴达人回到家乡则计划着使他们的城邦成为希腊最伟大的城邦。事实上，每个城邦都有类似这般的宏伟规划。尽管当时这些城邦都联合起来一致驱逐波斯人，但这些城邦却相互嫉妒他们的邻居。我们将会了解到希腊人在以后的300年间经历了怎样的艰难时期。

第1周

本周我们将学习最伟大的雅典英雄人物之一——伯里克利（Pericles）。他也许是雅典所有伟大领导人中最伟大的一位领袖。

问　题

读完下面所列文献之后,用完整的句子写出下面每一个问题的答案:

1. 讲述雅典人重建他们的城邦的故事。
2. 什么是比雷埃夫斯(Piraeus)?
3. 描述一下他们的"长城"是什么模样。
4. 希腊神庙中使用的三类柱子的名称是什么?
5. 雅典卫城上的两座建筑的名称是什么?
6. 说说两座建筑各自的用途。
7. 描述一下狄俄尼索斯剧场(Theatre of Dionysius)。
8. 三个伟大的希腊悲剧作家是谁?
9. 什么是悲剧?什么是喜剧?
10. 谁是雅典的喜剧作家?
11. 雅典的两位历史学家是谁?
12. 伯里克利对雅典法律做了哪些修改?

参考资料

阅读《古代英雄故事》(*Old World Hero Story*)一书中"伯里克利"一章。

工作量折算

阅读算作 2 天的工作量;写作算作 3 天的工作量。

第 2 周

本周我们将学习伯里克利时代的其他东西。

问　题

本周将涉及如下 3 个问题:

1. 画一张帕特农神庙(Parthenon)正面的轮廓图,并写出各部分的名称。
2. 一篇描述希腊人的房子的文章。他们的房子是怎样安排的?与现代人的房子有什么区别?
3. 用讲故事的形式讲述雅典的孩子们做什么,包括他们怎样受教育、怎样玩耍等。

参考资料

问题 1 参考塔贝尔（Tarbell）的《希腊艺术史》（*History of Greek Art*）；问题 2 和问题 3 参考《古代英雄故事》。

工作量折算

问题 1 算作 3 天的工作量；问题 2,3 各算作 1 天的工作量。

板报学习

仔细观察板报上所示帕特农神庙和希腊人的房子的图片，这会有助于你的学习。

课程部削减

贝利（Baily）小姐同意把你所画的关于帕特农神庙的绘图作业算作你在艺术课中的 3 天的工作量。

第 3 周

在伯里克利时代之后，雅典经历了一段艰难的时期。他们与斯巴达人进行了一场战争，结果是斯巴达斯人获胜了。伯里克利时代的那种繁荣和幸福在雅典人那里一去不复返。差不多 300 年以后，希腊（Greece）的北部雄踞起了一个伟大的王国——马其顿（Macedonia）。这个王国的国王名叫菲利普（Philip），他有一个儿子名叫亚历山大（Alexander）。本周我们要学习的正是有关亚历山大这个人物的故事。

问　题

问题一：这里有一些关于亚历山大的问题需要回答，请用完整的句子把答案写出来。

1. 三个信使给马其顿王国的菲利普国王带来了什么样的消息？
2. 请讲述驯服亚历山大战马（Bucephalus）的故事。
3. 谁是亚历山大的教师？这位教师来自何方？
4. 菲利普国王去世后，亚历山大决定做什么？
5. 他有一支多大规模的军队？
6. 他统领的三大战役是什么？
7. 讲述有关戈耳迪之结（Gordian Knot）的故事。

8. 有多少座城市由亚历山大的名字命名?

问题二:画一张亚历山大王国的地图,并用彩笔勾画出他所征服的领土的版图。

参考资料

在《古代英雄故事》一书中查阅有关亚历山大的事迹,并在韦斯特(West)所著的《古代世界》(*Ancient World*)一书中找出亚历山大帝国的地图。

工作量折算

阅读算作 1 天的工作量;写作算作 2 天的工作量;绘图算作 2 天的工作量。

第 4 周

本周我们将开始学习有关罗马帝国的问题。第一个话题便是有关罗马建城的问题。

问　　题

本周有两部分工作要做:

1. 首先,我们所有的人都来阅读一下关于罗慕洛(Romulus)的故事,并准备做一个有关这个故事的口头演讲。

2. 我将把一些不同的故事分发给我们组的某些人,这些人要在 12 月 19 日的讨论会公开复述这些故事。各小组可按照自己喜好的方式进行合作,并做好讲故事的计划。这些故事及故事的分派如下:

埃涅阿斯(Aeneas)的故事。分给马杰里(Margery)、爱德华(Edward)、哈里(Harry)、简(Jane)、玛丽(Mary);

萨宾女人(Sabine women)的偷窃故事。分给多丽丝(Doris)、路易丝(Louise)、唐纳德(Donald)、约翰(John);

女人遏止了战争的故事。分给理查德(Richard)、海伦(Helen)、约瑟夫(Joseph);

塔尔皮亚(Tarpeia)叛逆的故事。分给伊迪丝(Edith)、爱丽丝(Alice)、爱琳娜(Eleanor)、亚瑟(Arthur)、霍瑞斯(Horace)。

参考资料

关于这些故事的参考资料是:《古代英雄故事》《罗马人的故事》

(The Story of the Romans)、《罗马民族的故事》(The Story of the Roman People)。

工作量折算
问题1和问题2算作半周的工作量。
板报学习
板报上的图片展现了埃涅阿斯和罗马创建的故事，你们都会感兴趣的。

作业3

（用于10—11岁6年级的学生）
6年级英国历史课第5个合同作业

发起了与法国百年战争的英国国王爱德华三世有6个儿子。我们阅读过有关布莱克(Black)王子的资料，他没能等到成为国王就死去了。爱德华的其他五个儿子也都没能成为国王。然而，他们的后裔却有做了国王的，第一个就是理查德二世，我们阅读过关于他的东西。然后是亨利四世，他是兰开斯特公爵(Duke of Lancaster)的儿子，亨利五世是另一个兰开斯特王室成员，而亨利五世的儿子亨利六世，也是兰开斯特王室的人。亨利六世是一个很小的孩子，许多人认为皇冠应该落到爱德华三世的另一位后裔约克公爵(Duke of York)头上。这件事引起了纷争，纷争甚至导致了更为暴力的争执，最后英国暴发了所谓的玫瑰战争。这场战争之所以称为玫瑰战争，是因为参战一方兰开斯特王室方面的人以红玫瑰作为自己的标志，而约克公爵的追随者也就是所谓的约克王室方面的人以白玫瑰作为自己的标志。

第1周

本周我们将学习有关玫瑰战争的一些问题。
问　题
作业要求尽可能多地阅读关于这场战争的资料，然后到我这里来接受一个有关你的阅读情况的口头测试。我建议你们在阅读资料时要在纸上记下那些你们认为是重点的内容以及你想记住的内容。

参考资料

参考资料有:《皮尔斯·普洛曼》第 6 册(*Piers Plowman*,BK. VI),《英国人的故事》(*The Story of English*)或《英格兰故事》(*England's Story*)。

工作量折算

阅读算作 3 天的工作量;口头测试算作 2 天的工作量。

第 2 周

本周我们将学习玫瑰战争中的一些特别事件。

问 题

作业是就以下题目之一写一篇作文:
1. 玛格丽特(Margaret)皇后与强盗。
2. 城堡中的王子们。
3. 第一台英文打印机。

参考资料

与上周的参考资料相同。
注意:在写作文时,要记住正确运用标点符号和大小写规则等。

课程间工作量折算

如果这篇作文合格,则可算作英语课的作文作业一周的工作量。

第 3 周

问 题

假定你是一家英国报社的记者(我们假设在理查德三世时代有报纸),分配你采写博斯沃思(Bosworth)前线的战况。请你讲述这次战争是怎样打起来的,并介绍战争进展的过程和结局。所需材料请查阅英国的历史书籍。我给你的报道标题是:"战地加冕"。

第 4 周

始于亨利七世的英国王室被称作都铎王室,这个王室一共出了五个国王,他们是:亨利七世、亨利八世、爱德华六世、玛丽和伊丽莎白。虽然我希望大家有时间通读有关这些国王的资料和生活在他们那个时代的一些伟大人物的资料,但我们将不得不忽略他们或者说他们中的大多数,以便讨论都铎王室时期或许是最伟大的成员伊丽莎白统治的王朝。

问　题

本周我们将研究两个问题,两个问题都是口头汇报的主题。我把问题给你们,并打算让你们自己去查找资料。这次,你们已经足够熟悉了我们所拥有的各种书籍,会很容易地找到你所需要的读物。

1. 西班牙无敌舰队:它是什么东西?为什么它要来到英国?英国人准备怎样迎接它?暴风雨;战斗;无敌舰队的结局。

2. 伊丽莎白时代:这个名称意味着什么?该时代有哪些伟大人物?这些人物干了些什么?

工作量折算

每个问题及它的口头汇报算作半周的工作量。

作业 4

(用于 11—12 岁 7 年级的学生)
7 年级美国历史课第 5 个合同作业
一个月的作业

费城大会(Philadelphia Convention)的代表们制定了宪法之后,获得了九个州的同意,于是宪法生效。国家开始准备运作。人民也以最快的速度集合起来选举总统,大家都一致推选乔治·华盛顿(George Washington)为第一任总统。自华盛顿以来,我们已有过 28 位总统。从现在起,我们打算用跟以前略有不同的方式来学习我们的历史课,那就是,学习每位总统任职期间所发生的事情。我会给你们一个笔记本,用这个本子记录下我们发现的关于各位总统的事迹,我们要保持住这种记录。我们将至少给每位总统一页纸;对于发生过大量重要事件的情况,可能要写上不止一页才行。

问　题

我们本周的任务是在笔记本上记录下 11 位总统的材料,从华盛顿开始到詹姆斯·K.波尔克(James K. Polk)结束。

在你笔记本页面的第一行写上总统的名字,在他的姓名后用圆括号列出该总统所属的政党和执政日期。下一行列出副总统或两位副总统(如果有的话)的名字。然后隔一行,开始写下需要记住的那位总统执政期间的重要史实。史实要编号,每件史实新起一行开始写。最好的办法是你们先写在草稿纸上,让我看一下,然后抄到笔记本上。如果你对这项工作有什么疑问,一定要向我问清楚。以下是一个写作样板:

乔治·华盛顿(联邦党),1789—1797。

约翰·亚当斯(John Adams),副总统。

1. 1789 年 4 月 30 日在纽约宣誓就职。

2. ——

3. ——

参考资料

要想获取你的笔记所需要的信息,请查阅蒙哥马利(Montgomery)的《简明历史》(*Elementary History*)或蒙哥马利的《重大史实》(*Leading Facts*)。有关副总统们的信息,请查阅《世界年鉴》(*World Almanac*)。

工作量折算

在学习中,你可以自己计算应当在卡片上记录完成多少工作量。任务有 11 位总统,共有 20 个工作日的工作量。因此,整理有些总统的材料可算作 2 天的工作量,而整理另一些总统的材料则只能算作 1 天的工作量。

作业 5

(用于 12—13 岁 8 年级的学生)

8 年级美国历史课第 5 个合同作业

上个月我们学习了美国宪法,了解了立法、行政、司法各部门以及它们具有的不同的权力与职责。这个月我们将通过把这些部门与其他国家的相应部门进行比较,以此复习一下上个月的内容。我们会了解一些当今公众生活中的重要人物;我们也会继续探索有关我们宪法的一些更为必要的和有用的知识。

第 1 周

我们都对英国感兴趣,因为那里的人和我们说的是同一种语言,还因为我们的祖辈也来自那个国度。本周我们要讨论一下英国的政府部门与我们国家有什么不同,在某些方面又有怎样的相似之处。

问　　题

主要任务是了解两国的相似之处和不同之处,以便你能清楚地向任何人解释这个问题。我将对你们的学习情况进行测试。或是口头问答或是笔试。

参考资料

在一本名为《小学生自学概要》(*Pupils' Outlines for Home Study*)的小册子的第一部分第 10—14 页。你们会发现竖排形式列出的有关英美政府的必要的事实材料。

工作量折算

你可能希望一气呵成地完成一周的工作。如果你没有一次性地完成工作,请来向我讨论学习纲要部分的意义。

第 2 周

与上周我们所学的东西联系起来,本周我们讨论一些当前发生的事件;我们学习了政府,我们现在要搞清楚在政府部门中占据着各种各样位置的是些什么人。你不查找资料也许就认识了其中一些人。

1. 美国总统;
2. 英国国王;
3. 美国副总统;
4. 威尔士王子;
5. 美国内阁组成人员;
6. 英国内阁组成人员;
7. 美国驻英国大使;
8. 英国驻美国大使;
9. 美国驻法国大使;

10. 美国驻意大利大使；
11. 美国驻比利时大使；
12. 美国最高法院法官；
13. 来自纽约州的参议员；
14. 美国众议院发言人；
15. 菲律宾总督；
16. 美国派出的裁军会议代表。

参考资料

你能在《1922年世界年鉴》中找到有关信息。

板报学习

板报上有本次作业中的一些人的照片。看看你能否从一些当前杂志或星期天的图片增刊上的图片中为我们的收集做一些补充。

第3周

在结束有关美国政府的学习任务之前，作为有判断力的公民，有些东西是我们必须知道的。本周我们将学习这些东西。

问　　题

1. 一个法案怎样在国会上通过？
2. 怎样修订宪法？什么是宪法修正案？
3. 修正案及其所包含的内容。学习第1—18节。

当你学完以上内容后，请来向我口头汇报你的发现。

参考资料

这次你们对我们所拥有的关于政府方面的各种书籍已经足够熟悉了，因此对于在哪儿找资料能有一个大致的想法。现在我打算让你们自己运用聪明才智去挖掘你们所需要的信息资料（不列出具体的参考书目）。

工作量折算

前2个问题算作2天的工作量；第3个问题算作3天的工作量。

第4周

本周有3个与上周相似的问题。前两个问题是书面作业；最后一个问题在你完成之后我要对你进行测试。

问　题

1. 宪法禁止各个州做哪些事情？

2. 各个州拥有哪些权利？

3. 学习下列名词解释（这些名词是任何要正确地谈论政府事务的居民必须懂得的）：

（1）国会——为美国制定法律的一个团体。这个团体由众议院和参议院两部分组成。

（2）立法部门——处理立法事务的权力部门。

（3）行政部门——保证法律贯彻执行的部门。

（4）司法部门——解释法律和审判违法者的部门。

（5）初审权——如果一件案子从某个法院开始审理，则那个法院拥有初审权。

（6）上诉审权——如果某一个案子从低级法院移交到较高一级法院裁决，则后者具有上诉审权。

（7）海事法院——裁决海上事务和公海犯罪的司法机构。

（8）大使——一个国家派往另一个国家的政府常驻代表。

（9）参赞——是指派往他国主要负责保护本国商业事务的政府代表。

（10）弹劾——控告公职人员在任职期间的犯罪行为和不正当行为。

（11）人身保护权——一种要求对关押某人的合法性进行调查的强制调查令。

（12）事后追溯法——确定一种立法之前进行的行为犯罪。

参考资料

关于第1，2两个问题的资料可在宪法里或在有关政府的某一本书籍里找到。

工作量折算

第1个问题算作2天的工作量；第2个问题算作1天的工作量；第3个问题算作2天的工作量。

地理作业
作业 1

（用于 12—13 岁 8 年级的学生）
8 年级第 4 个合同作业

主题：中国。

你们已经从裁军会议的学习中知道了中国的一些情况。我相信你们会有兴趣去了解关于这个拥有 4 亿人口[①]的特殊国家的更多情况，这些人的天赋能力似乎并不亚于我们美国人，尽管他们的生活方式和传统习惯与我们美国极为不同。

中国的文明史可能要比欧洲早 2000 年，也就是说，大约有 4000 年历史，有人说可能还要古老得多。

第 1 周

问 题

1. 中国三大宗教都比基督教要古老得多。佛教创立者的家乡是印度，孔子和老子是中国人，他们各自创立了伟大的宗教。有关的内容你都能从房龙（Van Loon）的《人类的故事》的第 240—250 页读到。每一种宗教请你用半页纸描述一下。

2. 仔细研究第 243 页上的地图及第 249 页上的示意图。

3. 你会在书架上发现一组中国生活的图片，这些图片需要仔细研究。每张图片都附有一段文字说明，要联系图片好好读一读。在《亚洲》杂志和《地理》杂志的双页上附有许多有关中国生活的图片，我会把一些这样的杂志放在你们的身旁。

4. 用一页纸写下你作为一个旅行者到中国旅行的第一印象。怎么感觉就怎么写，写你感兴趣的东西。

卡洛贝尔（Klauber）先生在中国待过一段时间。他将在星期四的集会上讲演，并且他还会带一些有趣的图片、硬币、纸币等借给博

---

① 编者注：该数据为本书成书时期（20 世纪 20 年代）的数据。

物馆展出。

工作量折算

问题 1 算作 1 天半的工作量；

问题 2 算作半天的工作量；

问题 3 算作 1 天的工作量；

问题 4 算作 1 天的工作量。

课程部削减

请你与英语课程部的主任商量,看看你的这些论文怎样折算成作文工作量。在论文修改满意之后,把作文抄写在你的宗教笔记本上。

第 2 周

在你练习本上的第 17 页有一幅很好的中国地区和远东地区的地图。你会发现它比太平洋地区的地图简单得多而且清楚得多。

问　　题

1. 根据习题 19 和习题 20 的提示,指出水域的名称、陆地的名称、半岛的名称、国家的名称、省或州的名称、河流的名称和运河的名称。

2. 阅读地理读物《亚洲》杂志的第 200—235 页,在你的笔记本上着重写下关于中国长期闭关自守,人口稠密和工人阶级贫困的原因。

因为可能有多个同学想同时去做这道题目,我可以布置阅读其他的书籍。

注意:有两名中国学生将与我们一起参加星期四的地理课讨论会,他们将给中国戏剧《花木兰》的戏装提出建议,并回答你们提出的一切问题。

工作量折算

问题 1 算作 2 天的工作量;问题 2 算作 3 天的工作量。

第3周

问 题

问题1:阅读罗滨逊(Robinson)的《贸易》(*Commercial*)或多吉(Dodge)的《高级地理》(*Advanced Geography*)一书中有关"中华民国"的内容,作好笔记并回答下列问题:

(1) 为什么中国的某些省份人满为患?具体描述一下。

(2) 为什么中国人拒绝使用节省劳动力的机械?

(3) 你能解释一下中国在近2000年里发展得极为缓慢的原因吗?

问题2:查找丝绸的生产方法并写作文加以描述。参考《美国教育者》(*American Educator*)或书架上的广告材料,查找其他大量生产丝绸的国家是哪些,消耗丝绸最多的国家又是哪个。观看博物馆的蚕丝标本并去工艺室请贝利小姐演示丝绸的编织方法。你们本月的艺术课作业要涉及纺织和染色工艺,这将特别有趣。

注意:你们中间有些人会记得去年春天在中央大宫殿(Grand Central Palace)举办的丝绸展览。诺纳塔克丝绸公司(Nonotuck Silk Company)的伊顿(Eaton)先生送给了我们一些蚕蛹,因此你们可以观察它们的工作过程。

工作量折算

问题1的阅读工作算作2天的工作量;其中回答问题1项算作1天的工作量;问题2算作2天的工作量。

第4周

问 题

我给你们的研究主题是选做的。你可以选择"中国男孩"或"中国女孩"的主题。随着你们阅读的进展,你们会知道如何将下面我即将给你们列举的多个子标题与你所选择的主题相联系。主题和子标题如下:

中国男孩:

祖先崇拜

教育

中国书法

考试

官吏

中国女孩：

人们不想要女孩——为什么？

裹脚

服饰

一夫多妻制

婆婆

参考任何关于中国的书籍，注意在索引里寻找你需要的信息。

在历史图书馆里有一些有趣的中国人生活的图片和知名人物的图片。星期四的讨论会将是辩论性的。男孩子们可以站在中国男孩的立场上，女孩子们则站在中国女孩的立场上。辩题是：中国是世界上最宜受教育的地方。

工作量折算

与你的选题相关的阅读算作 2 天的工作量；写作算作 3 天的工作量。

作业 2

（用于 11—12 岁 7 年级的学生）

7 年级第 4 个合同作业

主题：南美。

假定你被美国政府的商务部长派往南美进行访问考察，请就南美大陆的商业资源和商机作一个汇报。

第 1 周

在你启程之前，你可能希望熟悉一下南美的地图。

问　题

1. 画一张南美的行政区域图，并在该图上标示出：赤道、地域、主要河流和山脉。

2. 联系赤道、两极、经度和其他大陆比较南北美洲的地理位置。

3. 比较南北美洲的海岸线,哪边缺乏港口?

4. 查阅一下去南美的轮船信息,选定一条可以使你访问到包括玻利维亚(Bolivia)在内的南美所有重要国家的航线。在巴西(Brazil)你可能会发现,为了带给商务部长一份内容全面的考察报告,访问2到3个城市是必要的。

注意:本周我们不开讨论会,而是去中央公园参加"玻利瓦尔"(Boliviar)雕像的揭幕式。这座雕像由我们学校的两个孩子帕垂丝亚(Patricia)和玛丽克塔·麦克麦罗斯(Maraquita Macmanus)揭幕,他们的曾祖父曾是玻利维亚的第一任总统。令我们大家感兴趣的是,这一雕像是佩吉(Peggy)的雕塑教师的作品。

5. 阅读塔尔(Tarr)和麦克默里(McMurry)第2册的第203—205页,对南美的历史做一个简要的了解。

口头汇报问题2,3,4,5。

工作量折算

问题1算作2天的工作量;

问题2和3算作1天的工作量;

问题4算作1天的工作量;

问题5算作1天的工作量。

第2周

你现在正准备启程访问南美。

问　　题

1. 我建议你在委内瑞拉(Venezuela)和圭亚那(Guianas)只作一下短暂访问,只对当地的主要产品和气候特征作一下了解。

2. 美国对巴西的现实资源和潜在资源是非常感兴趣的,在几个港口查明出口什么产品以及出口数量。

3. 尽可能仔细地考察亚马孙河(Amazon)流域,摸清该地区的橡胶生产情况。

参考资料

参考下列文献,你将可以得到一些你所需要的信息:

《商业与工业地理》(Geography of Commerce and Industry)——鲁宾逊(Robinson)。

《美国教育者》。

《人及其工作》(Man and His Work)——哈伯桑(Herbertson)。

《高级地理》。

塔尔和麦克默里,第 2 册。

《橡胶的故事》(Story of Rubber)——约翰·马丁(John Martin)。

书面作业

记录你对每个问题所需要的内容。

工作量折算

问题 1(包括笔记)算作 1 天的工作量;问题 2 算作 2 天的工作量;问题 3 算作 2 天的工作量。

第 3 周

继续你的访问并总结这次访问。

问　　题

1. 对乌拉圭和巴拉圭只作短暂访问。

2. 访问阿根廷,与访问巴西一样做一下仔细考察。

3. 访问秘鲁和智利,与前面一样仔细考察两国的情况,并调查安第斯山脉对两国气候的影响。

4. 对哥伦比亚作短暂访问,弄清那里是否可能有油田。

参考资料

见上周作业所列文献。

书面作业

像上周做访问一样做记录。

工作量折算

问题 1 和问题 4 各算半天的工作量;问题 2 和问题 3 各算 2 天的工作量。

第 4 周

商务部长希望在 10 号看到你的访问报告,应根据你的访问记录写成一个不少于满满10页纸的报告。

工作量折算

报告的第2—3页算作1天的工作量；报告必须涵盖你的访问记录的全部内容，否则，报告将被认为是不完整的。

作业 3

（用于13—14岁中学的学生）

中学地理

1年级第4个合同作业

我们已经从裁军会议所联想到的问题，特别针对中国和日本进行了一段时间的学习。现在我们针对不列颠帝国的情况，再讨论一下前述问题和许多新问题。

第 1 周

问 题

1. 阅读以赛亚·鲍曼（Isaiah Bowman）所著的《新世界》（*New World*）一书——此书为近期出版的一本权威的政治地理书籍——第2章"不列颠帝国问题"的第12—16页的引言部分。在引言中讨论了不列颠帝国的范围以及在大战中的收获。整章是从第12页到第79页。

多做记录对你是很有价值的。

2. 在《实用地图练习：东半球》（*Practical Map Exercises, Eastern Hemisphere*）的第31页上，你可以看到一幅世界地图。查找这幅地图。按照第29页上的分类将不列颠帝国的各个部分列出清单，在地图上找出这些部分的位置，用整齐的印刷体字母缩写或相应的数字标出，而不要用完整的单词。

你会在里德（Lyde）的《经济地图册》（*Economic Atlas*）上找到一幅用红色表示英国的世界地图，在兰德（Rand）和麦克纳利（McNally）的《英帝国复兴地图册》（*Atlas of Reconstruction*）里，你会发现自1914年以来大英帝国增加了一些什么东西。

工作量折算

问题 1 算作 3 天的工作量;问题 2 算作 2 天的工作量。

第 2 周

问　　题

1. 仔细阅读《新世界》(照常做笔记)一书的第 16—27 页的《帝国贸易组织》部分及第 28 页上的大不列颠对于英皇帝国其他部分的政策。

2. 在笔记本上增加一页关于下列话题之一的讨论:
(1) 煤与工业的关系;
(2) 英国与日本的相似处;
(3) 作为国家政策的自由贸易与保护。

工作量折算

问题 1 算作 3 天的工作量;问题 2 算作 2 天的工作量。

第 3 周

包括加拿大(Canada)、澳大利亚(Australia)、南非(South Africa)、新西兰(New Zealand)和纽芬兰(New-foundland)在内的 5 个自治领地对英王国形成了一个保护伞而不是威胁,但正如你在鲍曼著的《新世界》一书的第 29—30 页上读到的那样,这些自治领地对于给予他们的巨大的自主权利并不完全满意。

大不列颠面临的最尖锐的问题来自英帝国的这几个部分——爱尔兰(Ireland)、南非、印度(India)和埃及(Egypt)(这是鲍曼的观点,他显然是从两种完全不同的立场出发考虑南非的问题),在这些地方,民族主义影响加剧,有革命的危险。在这本书写作的时候,英国和爱尔兰的代表们达成了一份协议,这份协议显然解决了爱尔兰的问题。《新世界》一书中有当时的情况和达成的协议,请做详细的记录。(这一关于爱尔兰问题的描述似乎缺少几点具体内容。)请查找以下内容:

1. 19 世纪爱尔兰的伟大领袖。
2. 新芬党(Sinn Fein Party)。

工作量折算

阅读和笔记算作 3 天的工作量；与我讨论的问题算作 2 天的工作量。

第 4 周

请把你能找到的关于爱尔兰的争议及最近达成的协议的任何书籍和期刊带到学校来。我也会把我能找到的资料带来。

想想你对这一问题的哪个方面最感兴趣，并自己给自己安排一定的阅读量。

站在北爱尔兰人（Ulster）、英国或新芬党的立场上，写一篇比如说是 3 页纸的论文。按照你认为的最好方式，强调他们之间激进的、宗教的、政治的或者经济的差别。你可以凭借这篇论文获得英语课程部的成绩，最出色的文章将在星期三的集会上宣读。

注意：爱尔兰作家休莫斯·迈克穆勒斯（Seumas MacManus）先生，将在星期二来我们学校。他将参加你们第 3 周的讨论会。第 4 周的星期二，汉姆弗莱（Humphrey）先生（他是政治圈子中的名人，主持过 Sulgrave Manor 的开幕式）将会就爱尔兰问题的任何方面回答你想提的问题。与苏格兰木匠汤姆（Tom）谈谈也是很有趣的，他有一些成熟的观点。

数学作业

作业 1

（用于 12—13 岁 8 年级的学生）
8 年级第 5 个合同作业

A 部分

现实中经常发生这种情况：要做的某个生意太大，一两个人难以提供所需要的经费，于是，一些人便联合起来组成一个所谓的股份公司或股份有限公司。例如，你们想为你们的"木偶剧院"筹资 50 美元或者更多的钱。我们就可以假定你们所有的 7 年级和 8 年级的学生要组成一个股份公司,每个同学都同意认购一定量的股票。

我们把这个股份公司叫作"木偶剧院有限公司",爱德加将是这个公司的主管,因而他将出卖该公司的股份。我们给了他一些空白的证券,因而你可以向他买股份。

公司的资产总额为 50 美元,每一股的价格为 1 美元。如果爱丽丝买 10 股,那她就要付 10 美元。爱德加的任务就是以这种方式售卖股份,7、8 年级的所有同学都可能是该公司的股票持有者。

公司的利润称作"红利",它按每个人持股的份额定期分红。

股票不是货币,但它可以用钱来买卖。一个股票持有者只有把股票卖给想买股票的人,才能把股票换成货币。股票的票面价格是每份股票的真正价值。股票买卖或是高于或是低于票面价格,股票也就或是打折扣或是高于票面价格。

第 1 周

关于股票:我们现在要讨论有关股票买卖的一些问题。
板报学习
在数学教室的黑板上有持股者的名单,这份清单也表明了他们所持有的股份数额。
问 题

1. 股票年息为 4.5%,算算格里奇(Gretchen)一年能得到多少"红利"?

2. 股票年息为 5%,算算全部持股者的年度总"红利"为多少?

3. 股票年息为 2.5%,要获得年利润 1 美元,尤金(Eugene)应持股份多少?

4. 用 30 美元能买多少股息为 56.5% 的股票?

5. 伊丽莎白·桑德拉(Elizabeth Sandler)以 35% 的股息卖了 6 股"木偶剧院"的股票,转而去买股价为 0.45 美元的银行股票,她能够买多少股银行股票?

6. 作业:《安大略公立学校算术》(Ontario Public School Arithmetic)的第 245 页的 8,9,10 题和 244 页的 2,3,4,5 题。

书面作业

像平常一样,将这些题目做在作业本上。

讨论会

很幸运,本周的讨论会提前了。讨论会期间,爱德加将发售股票。我们将做一份股票发售清单,并准备发布在板报栏目里。

工作量折算

问题 1 和 2 算作 1 天的工作量;问题 3,4 和 5 算作 1 天的工作量;问题 6 算作 3 天的工作量。

第 2 周

利息:

利息是为了使用钱而支付的钱。

本金是用于计算利息的钱的总数。

本息总和是贷款到期的总钱数,包括本金和利息。

利率是本金年息的百分比数目。

参考资料

仔细阅谈《新编实用算术》(*The New Practical Arithmetic*)第 184 页上的第 390 段。

问 题

做出第 391 节所给出的问题。

你会注意到,问题是求在利率是 6% 的情况下,不同的金额分别在 60 天、30 天、90 天、6 天、18 天、3 天、2 天、24 天的利息,尽可能用简单的方法求解。

工作量折算

每 4 个问题算作 1 天的工作量。

书面作业或者口头汇报。

这种问题大多数你能够心算,其余的可以做在作业本上。

讨论会

在本周的讨论会上,我将向那些对利息问题没有疑难的同学讲解一下第一利息原理。

第3周

复习:本周时间我们用来总复习。

问 题

1. 一块地是 8.5 杆(1 杆＝5.03 米)长、6.4 杆宽,这块地是多少英亩?

2. 3/25 化成小数,除以 0.25,2.5 和 25,结果各是多少?

3. 12 英寸×6 英寸×2 英寸结果是多少立方英尺?

4. 给一幢价值 7200 美元的房子保险,保险金比率分别是 ⅜％①、³⁄₁₀％和¼％,问保险费为多少?

5. 一商人卖掉了他 65％的木材储存,而留下 7000 立方英尺的木材,问他在卖木材之前共有多少木材?

6. 一价值 4500 美元的房子按照其价值的 2/3 保险,保险金比率是 ⅜％,那么保险费是多少?

7. 年利率是 6％,1 美元的一年利息是多少?3 年的利息又是多少?2 年半的利息又是多少?

8. 年利率是 6％,1 美元存 30 天、6 天、18 天、24 天的利息各是多少?

9. 一个拥有 3/4 矿山股份的人卖掉了他的 1/3 的股份,得现金 2650 美金;以这样的价格来计算,这座矿山的总价值应该是多少?

10. 一个圆的直径为 14 英尺,求该圆的面积和周长。

11. 下列各题的比例各为多少?
3½ 英尺比 10½ 英尺;6 英寸比 18 英寸;12½ 磅比 50 磅。

12. 与 1/4,3/4,1/3,2/3,1/6,5/6,1/8,3/8,3/5,4/5 相等的小数各是多少?

13. 一女孩 15 岁,她是她父亲年龄的 3/10,她父亲多少岁?

14. 一个直径为 7 英尺的圆圈要滚过 132 英尺和 83 英尺的长度各需要转动多少圈?

15. 一男孩用他 2/5 的钱买了一个三角板,又用他 1/10 的钱买了一根尺子,问他一共还剩下多少钱?

---

① 编者注:现行的百分数写法,百分号前通常不用分数。本书保留原文写法,下同。

工作量折算

每 3 个题目算作 1 天的工作量。

书面作业

在作业本上做这些作业,对求解困难的题目作出标记。

第 4 周

曲面:

你们应该记得,在你们第 4 个月作业的第 1 周,我们做了有关圆、曲面的一些简单问题。

问　　题

这些问题是第 4 个月作业任务的继续。

问题:做《菲利普算术》(Philips' Arithmetic)第 1 册上的练习 19。

注意:你可以选择这一周的安排,也可以选择《代数》(Algebra)第二部分的某一周的内容。

工作量折算

练习题算作 5 天的工作量。

第一部分到此结束。

讨论会

本周的讨论会我们将对第 5 个月的作业来一次总复习。

B 部分
代数

本部分不强求每个人都学,但我希望有尽量多的同学来试一试。如果你把 B 部分和 C 部分都完成得很好,则会在你的成绩单上注明你是"最优学生"。

问　　题

请仔细阅读《基础数学》(General Mathematics)的第 1—2 页。
1. 什么是等式?

向我口头或用书面方式解释为什么在一个等式的两边减去同一个数,两边仍然相等?

2. 在书上的第 3 页上有一个实验：如果等式的两边同除以同一个数，两个商相等。你能对此也做出解释吗？

做出第 2 页和第 4 页上的全部问题。

等式：

数式中用"＋"号或"－"号分隔的那部分称作一个数项；

所以 $2a$ 和 $3b$ 是代数式($2a+3b$)的项。一个项的式子称作单项式。

问　　题

问题 1：

$8-7-2=?$　　　　$8x-7x-2x=?$

$8+2-7=?$　　　　$8x+2x-7x=?$

$2+8-8=?$　　　　$2x+8x-7x=?$

如果数项左边的符号跟着数项走，无论各项的顺序怎样改变，代数式的值是不变的。如果表达式的第一项左边无符号，则一律看作是省略了"＋"号。

同类项与非同类项：

字母符号相同的数项称为同类项，如：$2x,3x$ 和 $5x$。它们的和是一个单项式，即：$10x$。反之，字母符号不同的数项则称为非同类项，如：$2x$ 与 $3y$。

代数式可通过合并同类项进行简化。方程的两边进行同类项合并后，简化后的方程不变。

问题 2：求解下列方程：

1. $x-7=x+3$；

2. $3x+2=x+8$；

3. $5x-3x+2x-2=2x+x+12$；

4. $16y-8y+3y-2=5y-2y+14$；

5. $20+4x=38-10x$；

6. $5x+3-x=x+18$；

7. $7r+18+3r=32+2r-2$；

8. $6+6s+30+6s=4s+8+12+3s+13$；

9. $25y-20-7y-5=56-5y+5$。

工作量折算

问题 1 算作半天的工作量;在问题 2 中,每两道题目算作 1 天的工作量。

C 部分

求解下列问题:

问题 1. 一园圃滚压机的圆周周长为 4 英尺 8 英寸,其横向长度为 2 英尺 10 英寸,当它滚过 12 圈之后,它压过了多少平方米的地面?

问题 2. 一木制房屋的一面长 50 英尺,宽 18.5 英尺,墙高 12.5 英尺,若将它们油漆,油漆的面积是多少?

艺术课作业
作业 1

(用于 9—10 岁 5 年级的学生)
5 年级美术课第 3 个合同作业
圣诞礼物
印版印刷的席子或杂志封面

图案:

1. 研究展示的材料——印版印刷的席子和图案以及绿色板报上展示的印版。注意图案上那些漂亮有趣的间隔——它们并不相似。注意图案上那些有趣的边角,它们也各不相同。

2. 怎样开始:确定你要做的图案的尺寸,并裁剪出一幅那样尺寸的吕宋绘图纸。接下来就是确定图案的造型——树叶形还是花朵形。考虑纸边的曲线并在裁剪绘图纸时使边上的曲线美观。当你选择了一个大的图案时,考虑它的边角,要剪裁得让你自己满意。你能使纸的边角更有趣吗?再来研究板报上图案的边角,注意那些边角是按一定规律来装饰的,想想你自己应该怎样来处理你的设计图边角。

装饰好你的图案边角以后,接着考虑你的图案的中心部分。在此你必须十分仔细地考虑图案中的间隔问题,要保证间隔部分的变化,也要保证中心图案的造型和外部造型的合理搭配。图案的这部分要用深色纸。认真制作你的图案,然后交给我来审定。

制作你的图案算1周的工作量。

怎样制作你自己的印版:

把你的图案描在一张浅白色的描图纸上,勾画出图案的各个部分。如果你不明白,可以找我给你演示该如何去做。

描摹完你的图案,从我这儿取一张尺寸合适的油毡,在它的上面涂上一层薄薄的糨糊,然后把临摹图铺在上面,再在上面铺一张报纸,用铅笔仔细摩擦。

当设计图完全干燥了,你就准备裁下你的活页板。你可以要我向你演示该如何去做。

这算两天半的工作量。

怎样把你的图案印到席子或杂志封面上:

我们把这叫作"图案制版"或者"印版印刷"。我会给你们演示怎样去做,但在找我寻求帮助之前,你们得把下列材料准备好:

10个大头针,一轴线,印版,一把尺子,4个图钉,亚麻布或丝绸,一个画板,用来作为铺垫的4张纸巾或一块毛毡或一块棉布。

印版制作你的礼物算作一周半的工作量。这就是说你一下做完了3周的工作。

作业2

(用于11—12岁7年级的学生)

7年级艺术课第3个合同作业

圣诞礼物
印花书包或桌子中央的印花

图案:

材料:吕宋纸,剪刀,贴在板报上或在棕色桌子上找到的说明资料。

图案本身:看清说明资料。注意,事实上,在各种不同的造型以及有趣的造型中,明暗的处理是最重要的,你的背景和前景都要是有趣的,这些内容搭配在一起,组成一个单位或者图案。

怎样开始:选定理想的图形造型和大小,确定它是叶形还是花形,把纸对折起来(在你把它剪成适当的尺寸后),然后把纸打开,开始裁剪你的图案。

你的图案:研究一下你的图纸,看看你能不能在上面制作一个图案。首先处理半张纸,然后把它折叠起来,使得另外半张纸与头半张纸相同。先把大致造型剪出来,或者是花形,或者是叶形,然后制作中央图案,在制作图案之前,仔细考虑图案的明暗造型。图案一定要富有变化并有美丽的线条。把图案带给我审定。把设计图从模板上剪下来。

图案的应用:

找我给你们演示如何印花。认真选好你的书包和桌布的大小和比例,确定把你的图案究竟印在何处。你的图案可能被用作书包或桌布的滚边。先把图案按照不同的距离印在纸上,看看怎样看起来最好。尽量让你的图案之间的间隔成为有趣的造型。当你已经设计好你的拷贝时,在你付印之前拿来让我看一下。

你印制圣诞礼物需要的材料有:大头针、线、镂花刷、涂料、丝绸或亚麻布。

音乐课作业
作业1

(用于10—11岁6年级的学生)
6年级音乐课第5个合同作业

第1周

阅读:

本周我们将继续学习民歌。从上个月编制的歌曲目录中任选两首民歌,按照下列步骤学习:

1. 什么叫节拍?拍手为音乐的节奏打拍子。什么是韵律格式?
2. 辨别旋律格式,将它们记录在你的音乐笔记本上,并指出每种旋律模式重复出现的次数。按照第一乐段、第二乐段等等的先后顺序直到唱完全曲。

3. 主调在哪一部分？写出这部分的大音阶,写出这部分的大三和弦。是不是有完全用这种和弦的主调作出的乐段？

4. 用钢琴演奏乐曲(仅仅是主旋律)。你能用另一个基调演奏吗？

5. 根据你笔记本上的记录写出歌曲的乐谱,并试着用另外的基调重写。

以上工作将算作 5 天的工作量。

第 2 周

演唱:

1. 做视唱练习本上的习题 21,22,23,24 题。在讨论课上演唱以前,不要填写你的卡片。

2. 我们将会在讨论课上留出部分时间来学习下列歌曲:(a)《鸟儿都又飞来了》(*All the Birds have Come Again*);(b)《一天早晨》(*Early One Morning*);(c)《今日已过》(*Now the Day is Over*)。

背记歌词作为两天的工作量。

第 3 周

韵律:

1. 把下面的练习分成使用节拍符号标明的小节,用任一音调如哆、咪视唱。

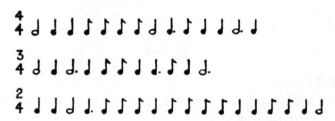

这项任务算作 1 天的工作量。

2. 浏览《月亮仙子》(*Lady Moon*)一歌的歌词,画出音符符头、节拍符号和小节线。务必完成所有的小节。

这些算作 3 天的工作量。

下面你将听到的是一些你所熟知的民歌的第一段,你能辨别吗?如果你确信你能辨识,请给标上节拍符号和小节线,并填上相应的歌词。

这些算作1天的工作量。
你应该能够听出音乐节奏并把你所听到的重新写成乐符。我们的听力训练会帮助你完成这项任务。

第4周

和音:
为你在前面的阅读部分中学习过的一首民歌配上和音。
这些算作2天的工作量。

历史:
你们这个月的语文作业是写一些伟大的音乐家的生活。你们可以在音乐教室的板报上找到一些我们学过的音乐家的图片以及关于这些音乐家的一些问题,这些问题会帮助你们回想起我们在学习中曾经讨论过的一些观点。
语文作业算作音乐课两天的工作量。

词汇:
作曲家把他的作品标为"柔板",怎么演奏它?一首摇篮曲能用钢琴或者强音演奏吗?
这些算作1天的工作量。

第七章 学习进步的测评方法——图表法

当我们刚开始实施道尔顿实验室计划时,我们发给学生一个日记本,希望学生们在离开任何学科的实验室之前,记录下他们在每一学科完成的工作量。但是,这种方法除了加给教师们大量的额外阅读工作之外,也很快就证明它对于要达到的目的来说是不够的。同时,我们也看到有必要设计出衡量时间和工作的方法。那些不懈学习的学生们常会惊奇地发现,周末时他们没能完成自己的合同作业。我们发现,如果没有一个账单让他们看到自己究竟干了些什么,他们就倾向于在自己喜爱的科目上花费太多的时间,而对其他科目的学习时间则不够。实际上,他们经常完全偏离指定要求,甚至偏离那一门科目。分配给他们的时间被毫无责任心地使用着。学生们对那种责任心所蕴含的意义缺乏理解。只要时间不是有意识地被浪费,学生也就不能理解,为了把时间利用好、利用得满意,合理地划分时间是有必要的。他们就像那些希望凭着良好意图而让你宽恕其错误判断的人一样。他们从不进行时间预算,而只是挥霍。

我已经讲述了我的早期实验,那时我第一次想到制作检测学习进度的图表。它相对于日记的优点很快就显现出来,因此,之后它就被接纳为道尔顿计划的一个组成部分。这个方法不仅可以帮助学生明智地估算自己的时间,而且可以帮助他们调整自己的时间,以便完成自己的工作。它使合同作为一个整体清楚地突出出来,在没有督促学生的情况下让学生产生了一种责任感。不过,图表所起的作用还不止这些,它还减轻了教师的工作负担,简化了实验室的学习组织乃至全校的总体组织。

有三种不同的图表,第一种是教员的实验室图表,它保存在实验室,由管理实验室的专家负责管理。这些图表印刷成五种或更多的颜色,每种颜色对应一个年级。下面的样表和我的全部图表一样,都是由位于伦敦霍尔本高架桥 40 号 A 的教育资源协会（Educational Supply Association）制作的。在美国，可以通过儿童大学学校得到这些图表。

图表 1 中，我假设班上有 35 个学生。我已填入几个名字，以清楚地说明我标示学习进度之方法。我们假设，玛丽、克莱拉、多萝西和海伦已完成了当月作业第一周所要求的任务。因此，每个女孩都要在对应她的名字的地方画一道线，从五个空格中穿过，以标示完成了的工作。这五个空格表示五天的工作。弗朗西斯只完成了周任务的五分之二，她的那道线就画过五个空格中的两个；而米尔德里德和安妮则以同样的方式记下了她们所完成的五分之三的功课。在作业中指出的工作量折算情况给他们指出应当如何计算自己的工作情况。

运用这种方法，教师只需要看一眼图表就可以很确切地说出每个学生在任何给定的学科学习中所取得的进步，而且，通过查询其他实验室的图表，教师又可以跟踪学生在他的合同中所有学科的进步情况。图表同样显示出，对某个孩子来说哪门课程是最有趣的，作业对全班整体发展能够施加何种程度的影响。

另一方面，对于学生来说，图表也同样具有价值，每当他去填写图表，他都能意识到他已做完哪些功课以及哪些是剩下来应该继续去做的功课。与此同时，他还可以将自己所取得的学习成绩与他的同学们做出对比。当然，那些聪明伶俐的学生至少在某些学科可以比那些脑子慢的或略为迟钝的学生取得更快的进步。但当他自己检查了自己所取得的成绩后，他不会认为那对于自己的能力的估计会有什么不公平。在班级制条件下，脑子慢的学生当发现自己与其他人比较处于劣势时，是非常痛苦的，图表则消除了这种使得他们灰心丧气的感觉。另一个经常出现的情况是，图表法显示出，那些在某些课程上总是异常落后的学生，在某些他具有天赋的学科上是异常聪敏的。通过合理安排他的时间，他可以在该学科的学习中取得更好的进步。

图表1 图表法

教师的实验室图表																					
科目(历史)					年级(4)					作业1					教师(R.N.B.)						
姓名		第1周					第2周					第3周					第4周						
		1	2	3	4	5	6	7	8	9	10	11	12	13	14	15	16	17	18	19	20
1	玛丽	—	—	—	—	—															
2	路易斯	—	—	—																	
3	克莱拉	—	—	—	—	—															
4	弗朗西斯	—	—																		
5	多萝茜	—	—	—	—	—															
6	米尔德里德	—	—	—	—																
7	海伦	—	—	—	—																
8	安妮	—	—	—																	
9	等等																				
10																					
11																					
12																					
13																					
14																					
15																					
16																					
17																					
18																					
19																					
20																					
21																					
22																					
23																					
24																					
25																					

续　表

		教师的实验室图表																		
科目(历史)		年级(4)				作业 1				教师(R. N. B.)										
姓名		第1周				第2周				第3周					第4周					
		1	2	3	4	5	6	7	8	9	10	11	12	13	14	15	16	17	18	19	20
26																					
27																					
28																					
29																					
30																					
31																					
32																					
33																					
34																					
35																					

(实际大小:12英寸长,8英寸宽)

道尔顿图表第1号,版权所有:儿童大学学校。

图表非常有助于一个教师选择合适的时机给他的学生提供特别的帮助和指导。例如,如果她注意到某几个孩子在对某一门课程的学习上达到了同一阶段,她就可以约他们一起在第二天的某个时间到属于那一课程的实验室去。这个预约通知应该贴在学生们共有的告示牌上。任何个人或是小组,或者,如果适当的话,全班同学也可以用这种方式召集起来,以便给予帮助和相互协商。经验告诉我们,学生们很喜欢这种号召。

现在,我们来看图表2,或者说是所谓的学生合同图表。利用这一图表,一个学生可以看到和记录在他作业里的所有课程的进步情况。每一次他在按照我说过的方式填写实验室图表时,他也在属于他个人的那个特别图表上画一条相应的线。可以说,它也是一张学生时间的资产负债表。每天早晨在开始工作以前,他必须仔细地研究这张图表,因为它会自动提醒他在某些课程中的薄弱环节和他为克服那个薄弱环节应该留出的时间。我们发现,学生合同图表对于教导学生充分珍视时间和培养在使用时间中的责任感起到了无可比拟的作用。图表也令学生产生一种自发的节省时间的欲望,以便于克服特殊的困难。这些图表激励透彻的工作而不是匆忙的工作。学生图表也对应于实验室图表,采用不同的颜色印刷。

学生图表样表上的大部分标题及其空格都让人一看就可以明白,但对它怎样用于作记录做一个简短的说明仍是有必要的。我们将看到在卡片的底部有 10 个空格,用于填写学生能够填写的全部科目的名称。在这 10 个空格下面,与"测验"(test)相对应有一些相似的空格。"测验"这个词当然可以有多种不同的诠释。我不相信考试真可能测出一个学生的知识与能力水平,但"测验"这个词及其后面的空格列入了这张表格,是为了适应那些举行定期考试的学校的需要。

那 4 个标有"第 1 周、第 2 周、第 3 周、第 4 周"的空格分别表示 4 周的作业或是每月作业合同的几个部分。为了表明一个学习周每天的情况,每一周的部位都分成了五个空格。我们假设,如果一个学生完成了一周中五分之三的数学任务时,他可以在五个空格中画一根向上贯穿三个空格的线条,而如果他只完成了一半任务,那么他就只能画一根贯穿两个半空格的线条。

12 岁的贝蒂·安德伍德(Betty Underwood)是 2 年级的一个学生,她从 10 月 5 号开始做她的合同作业。在她的图表中只有一些主科,在她第一次作业的这张图表上,她填写了数学、历史、地理、英语、科学和法语。既然可以自由支配自己的时间,贝蒂·安德伍德决定在第一天学历史。所以她走进历史实验室,一直待到她失去了对历史作业的兴趣而很想换个科目。在走出实验室之前,她询问了一下在历史实验室负责的教师,确定她已完成的工作量按时间折算成历史这一科目一周作业的五分之三。她在教师的实验室图表上用一条线划掉了五分之三的空格,然后在她崭新的学生合同图表上也画了一条贯穿五个空格中三个空格的线。在每一条线的末端,她标上了一个数字(1),用以表明这是她特定作业中的第 1 个工作日。

第七章　学习进步的测评方法——图表法

贝蒂随后选择了进入英语实验室。在看过英语科目的作业后，她发现由于任务的性质不同，每一任务都被折算成不同时间的工作量。她被告知，语法算两天的工作，阅读也算两天的工作，作文算一天的工作。由于没有写作的心情，她决定做阅读工作，并且顺利完成了所给的所有阅读任务。此时，离中午12点还有一点时间，她攻了攻语法，并且做完了一半要求的任务。因此，她完成的工作量是一个空格，表示完成了语法的一天任务，两个空格或者说两天，表示做完了阅读的任务。所以，她在教师的实验室图表的3个空格中画一条线后，也在她自己的图表"英语"一栏中画了一条同样的线。

图表 2　学生合同图表

姓名 贝蒂·安德伍德			学校 儿童大学学校			开始时间 10月5日	星期数	天数	缺勤
地址 西72大街10号			年龄:12 年级:11		合同作业 序号:1				
第4周	19	20	20	20	20	20			
		19		19	16	17			
第3周	18		17						
		18			11				
				15					
第2周	15	10	12		7				
				6		10			
	14	9				9			
				2					
第1周	13	3	5			8			
		1	4	1					
						4			
科目	数学	历史	地理	英语	科学	法语			
测验	A	A	B	A	A	B			

（实际大小:9英寸长,5½英寸宽）
道尔顿图表第1号,版权所有:儿童大学学校。

贝蒂将第 2 天的整个上午都花在科学实验室里。因而,她不仅完成了第 1 周科学课的作业,而且还做了第 2 周要求做的一天作业。为标明这一点,她画了一条占了 6 个空格的线,并在线的末端加上一个数字"2",表明第 6 个空格是她第 1 周第 2 天完成的工作。

　　图表 2 的第 2 个样图,即图表 2(续)显示了贝蒂完成的合同情况,每行末尾的数字表示她完成给定工作的日期。我们应该经常注意的是孩子们是否在 20 天内完成 20 天的规定功课。

　　如果贝蒂用功了 5 天,然后因病缺席,那么在她返校那天,她会把她在那天完成的每件事情标记为"6"。我们不想让她觉得她已经退步,而宁愿让她意识到她花了时间后所取得的成绩。通过这种方法,我们能很好地衡量她和她的同学们的进步情况。

　　读了她的图表,我们发现她在规定的 20 天内完成了她的任务。填在"星期数"标题下的数据"4"显示了这一点。但是如果完成这项任务花了她 22 天,她会在"天数"标题下填上数字"2",表示完成本月的这项合同工作花了 4 周零 2 天。

　　在第 19 天,尽管贝蒂完成了她第 1 个月的数学功课,但她没有被允许开始做第 2 个月的数学功课,因为她的合同要求她在开始任何一门功课的额外学习之前,必须完成合同的其他所有部分。学生合同图表的目的只在于衡量实验室的时间,因此填在表内的只是指定学科。

　　但在贝蒂结束这个月的学习之前,她要接受在讲授课时进行的测验或考试。如果这一系列考试表明贝蒂已经完成所有的分配任务,比方说是在 15 天之内完成的,她就可以顺利地获准去处理她数学方面第 2 个月的作业了。在 20 天末的时候,她的综合笔试是与本年级的其他学生在一起进行的。如果要贝蒂按学习进度较慢的学生的标准去约束自己的学习节奏,那就不甚公平了。但是这个问题,教师要根据她对于每个学生的了解来决定如何处理。

第七章 学习进步的测评方法——图表法

图表2(续) 学生合同图表

姓名 贝蒂·安德伍德			学校 儿童大学学校			开始时间 10月5日	星期数	天数	缺勤
地址 西72大街10号			年龄:12 年级:2	合同作业 序号:1					
第4周	19	20	20	20	20	20			
		19							
				19	16	17			
第3周	18		17						
						11			
					15				
第2周	15	10	12		7				
				6		10			
	14	9			9				
第1周	13	3	5	↑2	8				
	↑1	4	↑1	↑					
	↑		↑	↑		4			
科目	数学	历史	地理	英语	科学	法语			
测验	A	A	B	A	A	B			

图表2(续)显示完成合同情况。

(实际大小:9英寸长,5⅓英寸宽)

道尔顿图表第1号,版权所有:儿童大学学校。

在道尔顿计划下,绝不存在孩子学到月末时就已忘记月初所学知识的危险。因为孩子已在他兴趣最浓的时候、按照适合他自己的步骤去学习每一门学科,他所学的知识将牢牢地刻在记忆中。这比起在传统教学体制下他常常为应付第二天的考试而被迫临时抱佛脚式地将某一门功课塞满脑子,然后又迅速遗忘之的记忆要深刻多了。

正如我已指出的那样,假如一个学生因病缺席而被迫停止学习,他就会重新拾起他未完成的学业继续学下去。因为在我们的方法之下,没有任何程序上的冲突,他仍旧可以在学期的任何时候回到学校。孩子继续学习时,只是根据他学业已完成的情况进行记录,就像一个合同工领取报酬一样,得到什么,将由他的工作日而定。

从社会的观点来看,我们也能发现图表法的价值是无法估量的。年级成员中总是存在着经常相互比较图表的趋势。高年级的学生也对小一点的孩子的进步产生兴趣和同情,在没有教师鼓动的情况下,常常在合理地划分时间和采用最妥当的方式来解决各种困难方面提出建议,给他们以帮助。这样,小组管理和兄弟般的情谊遍布校园,这种情况对于所有相关人员都是长远受益的。

不仅要成为时间和工作的主人,更要学会把握自我,这是为人生要做的真正的准备。无论我们是否感兴趣,我们都不得不学会做这种工作。甚至兴趣也可以在解答难题和克服障碍的过程中所得到的感觉中产生。正像一个孩子曾经这样对我认识的一位教师所说:"你知道,任何你不得不去做的事情都可以变成你想要做的事情。"这个孩子绝不是什么超常聪慧的神童,正相反,他甚至是一个低于平均智力水平的孩子。这个孩子通过百折不挠的艰难奋斗,终于战胜了自身的先天不足。我认为,我可以说正是道尔顿计划使他能够做到把握自我。

在学生合同图表的背面,有一空白处,专门为教师或学生委员会对学生们提意见之用。这里,他们将会被告之究竟怎样去利用他们的图表,包括诸如"如果你发现某一个实验室已经人满为患,那就到另一个实验室去,以免浪费你的时间"这样的意见。然而,一定不要让这些建议退化成为一系列规定。经常让学生提出自己的建议能够避免这一问题,而且这样做既可以刺激他们的想象力,又可以增强他们的责任感。小孩子可能没有能力做到这点,但我们肯定应当经常号召12岁到20岁的男孩女孩们为自己的年级提出建议。

图表3是一种年级图表,在英国也被叫做教室图表。这张图表强调所有已完成的作业的星期数。为了方便,它被设计成包含40个空格,以便可以记录下学生多达10个科目的进步情况。如果一个学生学习6门主要课程,一门课程需要4周时间,那么,整个合同就表示24周时间,5门课程表示20周时间,如此等等。下面这个图表是图表3的一个样表,每周都要填写,或是在一周开始,或是在一周结束之时。它可以按照任何合同需求的星期数进行削减和修改。

图表 3　年级图表(教室图表)

年级或房间图表 名称:2年级				作业序号 1				周次 1					
姓名	1	2	3	4	5	6	7		35	36	37	38	39	40
1 贝蒂	—	—	—											
2 玛丽	—	—	—	—										
3 海伦	—	—	—		—									
4														
5								......						
6														
7														
...														
...														
34														
35														

(实际大小:12英寸长,10½英寸宽)
注意:原图适用于35个学生,每个学生有40个方格说明其各科目的学习情况,本图为了节省空间进行了简化。
道尔顿图表第3号,版权所有:儿童大学学校。

通过每周使用一个新的年级表格或教室图表,我们可以得出一张每个班级或者整个学校总体进步情况的心理情况图。这些记录应该被注上日期,并小心保存在档案馆里。图表3上应该给教师或者年级的每一个学生留出一个空格。让我们继续用贝蒂的例子说明这个图表应该怎样使用。

假如她在一个星期的5天中,完成的工作量是4天的历史,3天的英语,5天的地理,6天的科学,还有1天的法语,加起来19天。我们接着用19除以5来确定她到底完成了总体工作的几个星期的工作。计算结果是需要$3\frac{4}{5}$个星期。贝蒂可以在图中3个空格中做上标记,另外,在第4个空格的绝大部分地方也可以做上标记。

图表 4　出勤表

姓名	日期:星期三,1922年某月某日			
	上午		下午	
	按时	迟到	按时	迟到
贝蒂	/		/	
玛丽	/		/	
海伦		9:10	/	
…				
…				

图表 4 是用来登记一些走读学校里的出勤情况的。如果学校比较小,就用一张图表,也可以一个年级一张。出勤表将被贴在大厅的告示牌上,以便每位学生能记录他每天早晨到校的时间。我们并没有这张表格的已经印刷的卡片,但它很容易设计。日期下面是所有学生的名单,名单旁有两格,一格标着"按时",一格标着"迟到"。按时到校的学生就登记在第一格,迟到的学生要登记到校的确切时间。时间要便于看到,应当在黑板上方挂一盏时钟。缺席的学生就表示为空白的表格。

第八章 教 与 学

我个人认为,世界各地所进行的教学工作的效率,比我们教育系统许多批评家所认为的要高得多。我们的学校拥有一大批这样的教育工作者,他们不仅具有所教科目的广博知识,而且具有处理并简化这些科目知识的方法的广博知识。如果我们没有认识到教师经常达到的高水平,那是因为教学工作经常显得没有效果——因为学习者并没有学。事实是,到目前为止,我们混淆了教与学的问题,或者说得更准确些,我们没有把它们当成两个问题来对待,而是当成一个问题来对待。我们迄今还未理解这样一个事实,即教育工作仅仅像牵一匹马到水边那样。在旧的教育体制下,我们不能使学习者去学习,正像牵马人不能使马去喝水一样。

然而,不能责备教师,因为我们的学校机构不是根据学生的观点而是根据教育者的观点小心地建立起来的。充其量,最熟练的教师也只能在他的课堂上建立一个"教学帐篷"。他可能会以专家的方式把它建得激动人心,但因为聚集在它下面的那群学生是在精神和道德方面有很大不同的个体,所以他们中只有一小部分人能够领会或吸收她的努力成果。大部分学生会觉得那个"帐篷"对他们来说太大或太小。他们会接近或远离那个"演讲者"的观点。那毕竟是他的工作而不是他们的工作,是他的速度而非他们的速度,是他的兴趣而非他们的兴趣。只有从学习者的角度来面对学习,我们的年轻人从学校里走出来后才能真正做到有教养。只有重组学校的机构,只有让学生的能量从课程表和"教学帐篷"中解脱出来,学生才会开始发展他们的创造力、应变力并做到精神集中,这些都是学习过程中不可缺少的前提条件。

在旧的教育体制下,教师是剧中的主要演员。他可能无意识地只顾着试图以他的个性和观点来影响其学生。但道尔顿计划颠倒了这些做法，它给了孩子的个性一个发展的机会。教师的角色是一步一步地伴随着正在发展的生命。这并不是要把教师贬抑到次要的地位。为了理解孩子并跟上他们成长的脚步，教师必须发展自我，因为那些支配成长的基本法则是相同的，它们支配着成长过程中前后相联的每一个层面。学校的真正职责不是把学生禁锢在成见之中，而是要让他自由地去发掘他自己的思想，并帮助他用他所有的能量去解决学习上的问题。一份他必须运用自己创造力的合同工作，在本质上是一份他自动应答的挑战。即使最初他几乎不知道该怎样去对待他的责任，经验和自由也会很快让他明白这一切。经验是最好的、实际上也是唯一真正的教师。

家长们经常问我，为什么坏的语言和坏的习惯对孩子有那么大的诱惑力？我认为，原因是当他们在接受这种东西时是有意识的，并带着一种作为自愿者的愉悦。这样一来，他就会沾染并形成一种习惯，任何惩罚也不能使他丢掉这种习惯。吸引人的东西并不在于坏事情本身，而在于坏事情代表了一种自由。因此他自愿接受坏事情给予他的自由感，这使他感到快乐。为什么不让他把这种同样的感觉和他的学习联系起来呢？

也曾经有人这样问我："小孩子在什么年龄才能够对他的经验有充分的意识，并能从中获益呢？"我个人倾向于认为，正常孩子在9岁或10岁时能够理解他的经验，这时，他应该开始学会依据经验来组织安排他的工作。在这个年龄段，他应该为他的第一份工作做好准备。然而，在考虑儿童的教育需求时，我们必须牢记以下内容。概略地讲，要考虑到3个独立的发展阶段。到8岁时，应该给小孩子开发他自身能力的自由，以便于他以后在群体生活中能够作为一个负责任的成员。这就是自由的原因和目的。在第2个阶段，或者说是前青春期阶段，也即8—12岁之间，他必须获得"知识工具"，这将使他为12岁到20岁之间的青春期做好准备，青春期是他发展的第3个阶段。从工作和注意力集中的角度来看，由于最后这一阶段带来的生理变化，这一阶段是最为困难的。除非我们帮助孩子在青春期前就确立他的性格，否则，在青春期的关键几年中，孩子就会有采用对他最省力的方法的危险，因为，他的思想还无法足够稳定。

在任何年龄,自由对于孩子而言都同等重要,因为孩子在婴儿期也同他在一生中的任何时期一样,是一个实实在在的人。孩子发展的第 2 和第 3 个时期有一些特有的问题,道尔顿实验室计划就是为了解决这些问题而设计的一个步骤。

幼儿园是实践自由学习的地方,教师以实物的形式准备和提供某一级别的刺激。在引发孩子的兴趣时,通过用心地向孩子展示这些实物,教师就能够一步一步地引导他学习一个课程体系中的各门科目。很显然,在这个时期,教师是真正的操纵杆,操纵的程度和孩子得到的教益取决于放置在他周围环境中的实物的性质。

在孩子的前青春期阶段,这一问题随着他的成长而变化。现在,除了自由和选定的素养,学生应该参与开创和组织自己的追求。他过剩的能量和智慧必须用于一些他真正有所认识的目的。他取得的成就的大小不仅依赖于他安排自己的学习和提高自身素养的能力,而且依赖于他安排自己时间的能力,通过这些因素,他的优点越来越突出。这意味着他在不断编织他的人生。在婴儿时期,注意力集中表现为婴儿对事物注意时间的延长;然而,在前青春期,注意力集中倾向于变得持续时间较短,但力度要强得多。这时,学生需要另一种自由。在较早阶段,人们调节孩子的周围环境,以便控制他,使他得到发展。现在,他应该通过学会控制他的周围环境来继续自己的发展。如果他没有被允许这样做,那么他在这个年龄段所产生的能量就可能控制他,除非他学会去驾驭这股能量。

现代心理学和它的新发现使人们对前青春期问题有了很多认识,它教导我们用演绎法取代归纳法,后者为昔日的教学法流派所珍视。我们现在已经认识到,对于那些将要实现、获得或者完成的事物,有一个一般的概念是必要的,这不仅是为了激发孩子的兴趣这个基本目的,而且是为了孩子能够从思想上认识到对他提出的要求的目的。既定的目标对孩子来说就像胡萝卜对驴的诱惑一样——目标使他不断前进。以合同作业的形式事先准备一个计划,就是演绎法的最好例证。当孩子面前有一个计划,并且已决心去执行时,他的兴趣可能暂时偏离,但决不会永远偏离。在成人的生活中,这一道理也同样成立。如果没有计划,这种生活就不值得过,我们也不可能使生活过得有任何目的。

道尔顿实验室计划展示了新的更好的方法。在此之前,许多教师在理论上怀有给予孩子自由这种信仰的同时,却似乎从未发现如何使这种观念与完成全部课程的任务相调和。在他们看来,这个问题似乎是由两个不可调和的元素所组成。他们没有认识到,只有解放学生,才能彻底地、令人满意地完成全部课程。新方法展现了这种统一,这样做也改变了教师和学生双方对待需要完成的工作的态度,改变了教师和学生双方对待彼此的态度。

如果获得解放的学生在他的前青春期逐渐地精通了全部课程,那么他将掌握一个内部相互联系的知识体系,这一知识体系将成为他青春期的稳定因素。由于装备了"知识工具",这一阶段可能产生更广泛的能力,以便在坚实的基础之上建构真正文化的上层建筑。如果没有这一基本的基础,他就只能在沙丘上进行建造,甚至可能完全丧失建造的欲望。

但现代心理学在学生个人能力的测试中能给予我们更多的帮助。即便这类测试不能改善那些参与测试的孩子们的不足之处,这类测试却确实非常明确地揭示了那些不足之处。有一次,一位著名心理学家在英国一所很大的中学对学生做了一系列的这类测试。测试表明这些学生在智力方面有很大的差别。考察出的个人能力用一个数字记录下来,就是人们所谓的"智商",或者是科学家们所称的"IQ"。在这次测试中,学生的智商高低不等,但奇怪的是,考察发现这些学生的学业成绩并不与他们的智商相对应。很多"IQ"低的学生的成绩远远比有些"IQ"高的学生好。这种情况表明,那所学校的现存条件没有安排得让智力突出的学生真正地发挥他们的才能。14个月以后,这所学校按照道尔顿计划重组之后,进行了一场类似的测试。令我极为满意的是,此次测试揭示出,最聪明的学生通过这种方法得到了与他们能力相称的最好的成绩,成绩最差的学生与智商最低的学生相符合。我强烈建议,在实施道尔顿计划以前和道尔顿计划实施一年之后,学校校长们都要进行一次这种心理测验以便从中获得帮助——当然,这些测验应当由与学校无关的专家来进行。如果在第二年年末再次进行这个测试,显示出任何一个学生的学习不能与其"IQ"相称,那么就应当把那个学生视为一个反常的例子,对于这个学生应当设置一种特殊的课程。他的失败可能要追溯到他的健康或性格方面的某些缺陷。

当然,学校就像个人一样,在特征和个性方面是有区别的,有时候是十分鲜明的区别。因此,有些学校在适应新的组织方面要比其他学校慢。但在学校集体适应新的视角的过程中所发现的困难,只是证明了变革的巨大必要性。耐心是度过过渡时期必不可少的。汽车在检修时,机器是处于停滞状态的。学生在努力适应新计划给予他的新自由时,也是同样的情形。当一个孩子力求去控制一种怠惰的情绪或混乱不堪的心境时,怎么看他都像前面所说的发动机一样,处于一种停滞状态。只有当他学会怎样学习后,他才会开始取得进步。但一旦处于好的学习状态中,他的速度和效率就会很显著。我接触过许多能力超群的学生,他们在学校学习4年后,取得的成绩却很差。这种失败几乎总是可以追溯到这一事实,即这样的学生习惯性地把他们的能量和智力用于逃避学习以及在学校捣乱。要改正这些习惯需要几个月。但是一旦他们的天赋在道尔顿计划下改变了运用的方向,我常常注意到,那些从前不听话的孩子们最终表现得最好,并超过了所有的同学。我还可以说,那些在开始的时候怀疑甚至敌视这一新方法的教师们,常常转变成为新方法的最热心的拥护者。在变革的初始阶段,运用小技巧可以免除许多最初的困难。向学生介绍这个计划时,不要向他们过多讲述计划给他们带来的好处。解释计划的最好方式是尽可能简单,注意确保学生彻底弄明白关于计划的机制,特别是关于图表的内容。还有,我建议计划逐步进行。教师们首先要学会布置作业。小组交流意味着社会化,进行这种实验至少等计划开始1个月之后。在学生彻底熟悉这种个人学习的新计划后,那些教师热心并且内行的实验室就可以尝试让两三个实验室的小组间进行交流了,在教师和专家所希望的2个或3个实验室里进行。从此以后,这样的合作可以扩大到整个学校的范围。

刚开始,每个人完成其合同时,所花的时间可能会有很大的差别。在一定程度上,可以像我在前面章节里已经指出的那样,将作业分成最少的、中等的和最多的,用这种方式来调节个人所用时间的差别。道尔顿计划投入施行后,会逐渐揭示出不同学生不同的学习速度和能力。经过一段时间之后可以发现,定期考试对于大部分学生通常是不必要的。我发现,对于年龄较小的孩子来说,这样做是有益的,即每天早上开始学习之前,花15分钟时间整理他们的想法和材料,并用比如说5天中的两个早晨的时间来向班级或者房间指导教师汇报,以便咨询如何分配时间以克服某一学科的困难。讲授课的安排应当主要由教师根据自己的判断、根据他对学生个人的了解来决定。然而,我想让所有的教师们牢牢记住,抛弃试图保持班级在一起的旧观念是必要的。

考虑到学生不同的学习速度和能力,这种错误见解从不曾、也永远不会成为现实。5个学生绑在一起并不比40个学生绑在一起容易。并且教师们对那些经常萦绕在某些教师心头的错误观点摆脱得越快,就会越有利于学校。绑在一起就意味着强迫,而道尔顿计划的主要目标就是要废止任何形式的强迫。它正视教师的自由,也同样正视学生的自由。

在道尔顿计划之下,师生双方都应当为创造更好的效果而努力。教师对孩子的天性洞察得更加深入,并且把愉悦和兴趣融入孩子的生活和学习之中,这会对教师的个性产生巨大而广泛的影响。他再也不会对不情愿的学生进行那种强制性的灌输教学,也再不会把乏味的任务强加给不感兴趣的学生。在道尔顿计划下,教师从驱赶学生的人,变成了被学生围追的人,学生向他们寻求建议,他们对于学生的关心受到高度评价。这种关系的变化不仅反映在孩子们的成功和快乐中,也反映在教师的成功和快乐中。

为了具体说明这种态度的变化,我请求在同一所学校的七位教师坦率地谈谈他们对新计划的看法以及新计划对于他们的意义。在这所特定的学校,新计划已经实施了两年,但没有一位教师有写点东西去发表的想法。

历史课教员这样写道:

"两年前我在道尔顿实验室计划下开始教学时,我已经具备了十年在正规学校教学的经验,我带着极大的兴趣去处理我的新问题,但对新计划的优点我并非没有迷惘和疑虑。我睁大眼睛去研究新计划,热切期望能从中找到培养孩子并把他们造就成好公民的更好的方法。

我首先发现的一件事情就是,较之于旧体制,我在道尔顿计划下能够激发出孩子们更多的对于历史的兴趣和热情。这是因为,当孩子们在着手他们的学习时,预先了解了工作的整体和全部工作的目的。这是由月作业布置所引发的。我仍然记得,当我自己还在读书的时候,我是多么地痛恨历史课,是多么厌恶阅读'以下7页'的想法却对将要读到的内容一无所知!在道尔顿计划下,孩子们确切了解他们即将学习的东西,并且我发现孩子们无一例外地对历史课表现出主动的兴趣。孩子的这种兴趣激发了教师方面的热情,他热心于把他的作业布置得比以前更有吸引力,并形成了对于本学科持久的热情。

道尔顿实验室计划给了教师认识孩子的极好机会。这个机会,在他面对一个班级时无论他多么努力都是无法获得的。在这里,教师更像一个大哥哥或者朋友,而不是导师或教员。他面对的是孩子个人,因此教师得到了对孩子的更为深入的认识。教师仅仅是学校人群中的一员,孩子们带着问题去和他探讨,就像社区里的某个人去拜访一位老朋友。在这个过程中,对教师来说,这是一个极好的机会,同时也是一种奇妙的责任。

在道尔顿计划下,纪律问题被极大地简化了。孩子们进行学习是被兴趣推动的,比起他试图在某些事情上蒙蔽他的主要敌人——教师——的情况,他自然更会是他的学校的一个好公民。当然,在开始的时候,有时也有个别不懂事的孩子会给别人捣乱,正如在社区中总是能发现这类人一样。这类学生会因受到同伴的议论而老实下来。教师抓纪律的行为变得罕见了。

道尔顿实验室计划对我来说,意味着一种摆脱僵死的课堂常规的愉快的放松,也是一个研究孩子个体的好机会,是一个通过了解孩子的需要来帮助他们发展成为性格坚强和有用的公民的好机会。"

R. W. B.,历史教员

地理课女教师表达了这样的观点:"如果有人问我,道尔顿实验室计划有哪些特点最能吸引我,我会说是学生和教师之间的合作关系,在这种合作关系中,教师和学生均得以发展。现在,在我们课程部,每个孩子在我看来都显得活泼有趣、富有同情心,他们拥有在许多情况下我简直不能相信的素质和能力。从另一方面来说,孩子们把教师看作像朋友一样的、与他们共同致力于重要工作的专家。

关心廉价的批量产品而忽视工人的创造性冲动,雇主与雇员之间存在尖锐的阶级分野,这些情况在现今的学校里也有类似的表现。在经过一段时间学院式和专制式的教学之后,道尔顿计划的采用简直可以比作是对中世纪的行会制度下师傅和学徒之间民主交流的回归,而对学习的尊敬也成为基石。

然而,如果认为道尔顿计划比旧教育制度的覆盖面要小,那就是错误的了。一般来说,事实是相反的,因为孩子们被责任感所激励,会付出更大的努力。道尔顿计划并不自命有助于快速形成一个完善的课程表,也不自命有助于获得大量未曾理解的知识。"

L. R.

科学课教师这样描述他的感受:"在道尔顿计划下工作,教师会发现自身面临着全新的并且令人愉悦的经历。我惊奇地发现,大多数学生都带着兴趣和热情去对待他们的学习,而在旧的教育制度下,这种情况只限于极少数学生。教师从前是一个向学生分发少量未曾理解的信息的监工角色,这种情况已经改变了。他现在成为真正的帮手,在许多不同的对于孩子来说是非常实在的问题上,孩子们会寻求他的指导。他们学习再不是为了逃避他的批评或得到他的喝彩,而是为了完成确定的任务。每个孩子都感到大家的学习任务是他个人的特殊任务,而教师则是帮助他们完成任务的顾问。教师可以帮助他们更好地完成这些任务。这种积极精神是很具感染力的,那些落后的孩子通常会被这种精神带动。这也许是首次在道尔顿计划下工作的教师们得到的第一印象吧。至于孩子们,他们的积极性在实施道尔顿计划的开始就被激发出来了。"

R. D. O.

英语女教师也同样欣赏:

"1. 道尔顿计划具有个体学习的优点,它有助于对孩子的认识和对孩子的困难的理解。

2. 在教师和孩子之间建立起共情和友谊,孩子开始把教师当作助手和朋友,并带着自己的许多问题来请教教师。

3. 与自发学习的孩子们一起工作有一种真正的快乐,道尔顿计划造就自发性。

4. 工作富有刺激,每个人均以不同的方式来完成他的作业,从而使得教师从单调乏味的僵化的教学方法中解脱出来。

5. 每个月都撰写作业计划使得工作计划系统化。

6. 教师有了将时间与精力都致力于教学的机会,因为纪律问题已经影响很小。"

C.K.

数学女教师汇报道:

"从学生的立场来看,我认为,学生确确实实是道尔顿计划的最大受益者。如果在世界历史上有那么一个我们需要独立思考和行动的人的时代,现在就是那个时代。现代政治的许多失败原因就在于这样的事实,即,政治家是其他人的意见的奴隶。在道尔顿计划指引下学习的学生,会不由自主地自己进行思考。他们必须依赖自身的才智,而这正是今后期盼他们所具有的东西。

许多人可以把某些事情做好,但当把这些事情整合进一个较大的计划时,他们就会可悲地失败。在我看来,月作业制度可以让学生对他们的学习任务有一个全面的了解。不管他们在某个学科上做得多好,如果没有整合进所有的部分,则其整体任务就不算令人满意。完成了的任务就像一座大楼,如果它的某一根大梁不牢靠,整座大楼就会坍塌下来。孩子们似乎意识到,如果他们的月学习任务要成功的话,那么每门科目都必须达到一定的标准。

从教师的立场来看。我肯定,比起在旧的班级制度下工作,一般的教师在道尔顿计划下工作会更乐于其工作。他会很自由轻松而不至于失去威严。在自己的学生面前不感到夸张做作和不自然是一种巨大的解脱,现在,教师觉着就像一个年长的朋友指导一个年轻的朋友。

旧教育制度的许多失败要归咎于这样的事实,即,教师经常感到要发现每个学生在学习方面的困难是件不可能的事。在道尔顿计划下,在教师找出学生的某些弱点之前,学生甚至一天也不能按新计划学习。这使得教师的任务简化了。

一个真正的好教师只告诉他的学生什么是他们自己不能搞明白的东西。我们没有记住我们被嘱咐过什么,但是我们确实记住了什么是我们不得不通过努力学习才能得到的东西。"

G. H. P.

经过一年的试验以后,道尔顿计划推广到艺术和音乐课程部,虽然起初这些学科的教师在按照新计划重新组织他们的工作时遇到很多困难,但当这个计划在改善工作和改良精神方面的有益影响变得显而易见以后,他们就变得和其他同事一样满怀积极性。

这里我写的是这两位教师的意见:

艺术课女教师说:"我喜欢道尔顿计划在实验室里造就的那种气氛。那是一种勤奋的氛围,孩子们因为兴趣而来;那是一种思索的氛围,孩子们希望自己解决他们在作业中遇到的问题,只有当某一点需要做进一步解释的时候才会求助于教师;那是一种自发的氛围,孩子们能够在他们感兴趣的特定时间、最需要教师帮助的时间找到教师;那是一种安静而有秩序的氛围,这种氛围能鼓舞人专心投入学习之中。

很坦率地说,我惊讶地发现我是如此地喜欢道尔顿实验室计划。总的来说,我现在喜欢实验室时间已经超过了班级时间。班级时间有助于以班级的形式对个人进行检查,等等。

我喜欢道尔顿计划为个人学习提供的机会。教师拥有更多的自由,这样,教师就能够需要多长时间就使用多长时间去帮助一个孩子。其他孩子由于有作业可做,不会因为教师忙而浪费时间。

道尔顿实验室计划避免了指导上不必要的重复,因为指导在作业里都写得清清楚楚,脑子慢的孩子为了理解问题,需要阅读多少次,就可以阅读多少次。"

H. T. B.

音乐女教师说:"道尔顿实验室计划在音乐教育领域奏响了一个新乐章。它提供了一种在班级学习中不可能具备的个人表现的机会。

通常,孩子们明显缺乏音乐鉴赏能力的原因是他们没有准备好去执行某个命令,因此只能通过模仿去执行。在道尔顿实验室计划中,学生在音乐方面的尝试和经验,使他感到音乐是其自身的一部分。

与其他科目相比,音乐课中不准确的情况更为明显,更使人恼火。只有通过个人学习将困难解决以后,孩子的欣赏能力才能发展,才能在群体活动中尽到自己的本分,比如,在合唱中,在管弦乐队中,等等。

道尔顿实验室计划让教师能够利用孩子的纯真兴趣。就我个人而言,我发现这么做给了我极大的满足感。这促成了一种彻底而真实的进步,没有中断,没有破坏性的训练。纪律的问题解决了,当孩子们在实验室中学习的时候,我发现在他们的态度中展示了一种真正的和谐,这种和谐是人们一直在追求的。"

A. D.

为了使道尔顿计划的效果展现得更为全面,我引用了一些从8—12岁的学生中收集的看法。这些孩子来自14个不同的国家,他们当时口述的并被速记员记下的看法是发自内心的。

问:"自从我们实施道尔顿实验室计划以来,我们还从未讨论过学校所使用的工作计划。因为我不知道你们对它感觉如何,所以我非常感谢你们告诉我你们是否喜欢这个计划。我想听听你们的看法。"

L(12岁):"在这所学校里,如果某个人对某个特定科目的学习进度没有像其他人那样快,他就花更多的时间在这门科目上面,完成所要做的一切。我喜欢这所学校就是因为这个原因。记录卡使每个男孩和女孩更快地完成任务,因为他们能够在卡片上看到自己完成任务的进度。他们的任务会做得更出色,因为他们都想完成作业,并且合同记录卡总是使他们相互之间在学习上保持联系。在其他学校,如果你随你们班进了数学教室,你就不可能在你累的时候到英语教室去。但在我们学校,如果你已经学了一段时间的数学,你可以换着去其他某个教室待一小会儿,然后,如果你愿意的话,再回到数学教室去。在其他学校,你得不停地学习,如若你试图停下来休息一会儿,他们会让你继续学习。在这儿,你可以停下来休息一会儿,然后再更加努力地学习。"

D(10岁):"假设你在其他学校里做地理作业,你花了很长时间,却还是没有完成,接着你不得不去学数学,而你只是坐在那儿浪费时间,因为你已经把数学作业做好了。在这所学校里,如果你遇到上述情况,你可以把学数学节省下的时间用于学地理,这样你就有充足的时间去完成地理课的学习。如果你在家里学习时开夜车,你将在学校里感到疲劳;如果你被迫去学习的话,你就不会学得好。在这里,如果你太累以至于不能学习,你只需静静地坐下来读书,很快地你就会感觉想学习了。如果你是被迫去做某件事,你是不会做得好的。"

H(9岁):"在其他学校里,如果你不能完成一定量的功课,你不得不把它们带回家里去做,那将使你感到非常疲劳。在这里,你只需第二天继续去做。在学校里努力学习一天之后,你就不想在家学习了。我喜欢道尔顿实验室计划,是因为每个人都有足够的时间去做他的功课,而且如果你做某一件事情感到厌烦的时候,你可以去做另一件事情。比起在其他学校,我对学习更有兴趣。我的主要原因是,当你因故缺席的时候,你能在第二天补上你的功课。在其他学校里,他们会给你50分钟时间去做某门功课,而事实上你不需要那么多时间;有时候他们给你的时间又太少。你需要的是刚好足够的时间去合理安排你的任务。"

G(10岁):"我喜欢道尔顿计划是因为,我们可以连续不断地做我们的作业,不会被那些脑子较慢的同学拖后腿。也是因为,我们可以努力学习以便很快完成作业,做得好的功课还可以得到表扬。"

W(11岁):"在一些学校里,当你学习算术时,你就不得不学习半个小时,而且你会因为做得太多而头脑发昏。在这里,当你开始感觉疲倦且不能对某件事情集中注意力的时候,你可以走进另一间实验室,并干干净净地忘记前面那件事,这样,你的思绪就不会弄混乱。你可以稍后再做前面那件事。"

A(9岁):"在月底的时候,你如果把你的功课完成得很好,你就会产生满足感作为回报。此外,你还可能被安排进一个高一点的班级。"

问:"难道你不想得到其他回报吗?比如,一枚奖章、一本书或某种你非常想要的东西?"

第八章 教 与 学

回答:"不,那不必要,满足感就足够了。我宁愿只是这样。"

问:"在年初,我以为你们根本不会喜欢这项计划,而且你们也没有把学习搞好。问题在哪里呢?"

(这个问题并不公平,但它的意图是想给学生一个挑战。)

V(9岁):"我们很高兴能进入一所能让我们有一点自由时间的学校,我们把这点时间当作假期。"

E(9岁):"年初时,每个人想得更多的是其他的事情,而不是功课。"

P(10岁):"我们并不明白应该怎样去学习。"

G(9岁):"开始的时候,我们还有点害羞,因为我们不了解教师,也不知道他们对我们有什么期望。我们还不习惯这里的学习方式,而是习惯于大家同时学习同样的科目,而且那时我们没有得到同样的关注。"

J(9岁):"刚开始时我们习惯于另外一种学习方法,我们花了一段时间才理解新的学习方法。"

问:"你们觉着上午需要休息吗?"(我们把"间断"称作休息)他们都说不需要。一个10岁的男孩解释道:"我们不需要休息,当我们感到累了的时候我们会自己休息一下,我们可以坐下来读书。"

问:"你们已经说出了所有优点,计划的缺点是什么呢?"

孩子们说他们找不到它的任何缺点。这是大家的一致意见。

后来,那些孩子派了一个男孩来找我。当他走进来的时候我正在和一些人喝茶。他说:"对不起,我可以跟您讲话吗?"我回答是:"当然可以。有事吗?"他平静地说:"这件事需要保密,我们可以到隔壁去谈吗?"我立即同他出去了。然后,他接着说道:"我不想表现得粗鲁,帕克赫斯特小姐,但是同学们觉得你并不喜欢这个计划,他们可是很喜欢它,并派我来问你为什么不喜欢它。你难道不打算支持这个计划吗?"

我向他保证我对此很感兴趣,并且愿意尽我最大的能力去"支持这个计划"。我衷心感谢在他们的挑战中所表现出来的兴趣。从那以后,这一计划就比以往任何时候都更加可以称之为他们的计划。

这所学校的学生没有"家庭作业",尽管给他们提供了文化阅读书单,以指导他们合理利用空闲时间。一些孩子入校时成绩很糟糕,有一两个学生在4年中先后在4所不同的学校上学。当他的能量被道尔顿计划引导到正确的轨道之后,大多数同学取得了很优秀的成绩,连最差的学生也完成了他一年的作业。学校员工一致认为,孩子们已变得更单纯、率直、热情,并不再有感情冲突。让一些人倍受其苦的神经紧张的毛病也消失了。作为一个人,他们成熟了,但一点也不世故。总之,他们发现了自我。

总体来说,有一点我要强调,道尔顿实验室计划不应被看作是一个一成不变的计划。我所贡献出来的,不过是发展教师和学生创造能力之教育的初步。我想消除我们的学校继承的某些弊病,尤其是其中最坏的一种弊病。我认为,这种最坏的弊病就是学习者没有学习的机会,这种消除弊病的欲望鼓舞着我去完善这个计划。教师在他们实践教学之前会到培训学院,以培养教学的技术。因此,在期望学生学习之前,应当给予学生们获得学习技术的机会。我乐于让道尔顿计划根据它所取得的成果来评价,我甚至不曾想把道尔顿计划冠以我的名字。许多教师和学生已经证明,道尔顿计划已经改善了实施该计划的学校的思想和精神生活。这使我相信,在那里获得的益处最终将影响到世界的社会及政治生活。我并不宣称我的计划已经完善。如果想要使它成为活生生的有生命力的事物,还需要许多人的关注与合作。如果它能激发出足够的兴趣,吸引教育行业的最优秀的力量来完成这项任务,我为这一伟大工作所作的那一部分就得到了足够的回报。

第九章 一所英国中学实施道尔顿计划的年度报告[①]

斯垂瑟姆县中学校长、教育学硕士 罗莎·巴西特

1920年5月27日,《泰晤士报教育增刊》(*Times Educational Supplement*)上的文章引起了许多人的思考。道尔顿计划看起来在构思上是如此简单,其可能性又是如此深远,以至于人们会奇怪,为什么以前就没有想到它呢?

我们现在虽然是一个有超过700个女孩的大型学校,却决定尽快尝试这个实验。感谢教育部和伦敦郡议会的远见,我们才有可能在一年多的时间里尝试这个计划。得到的结论是:我们感到这一计划比任何计划都更能促进学生在其教育中的合作。毫无疑问,它使得学生学的东西比以前更多,虽然它的效果可能不会马上表现出来,因为很自然,普通的考试方法不能测量出孩子理解力的提高。实际上,我们正在寻求且是慢慢寻求测验智力的方法。

在美国,这个计划看上去很简单,因为那儿的中学生几乎无人主修6门以上的科目。而在英国的学校里,很多学生主修9门或10门课程。但是,这个计划在英国的公办学校实施得更好,因为在这儿我们有更多的自由。另外,它在英国的学校实施得更好也是因为,与美国的中学相比,英国学校的教师受到更好的培训,质量更好,并且教师有更多的自由和空闲。当然,计划要获得成功,只有教员的能力和热心像资质和培训一样得到保证才是可能的。正是因为这里全体职员的衷心合作,我们才能实施这一计划。

在每个月月初,每个女孩都会收到一份每门科目所要完成的作

[①] 经《泰晤士报》(*The Times*)的慷慨允许而重印。

业的摘要。在一周里,每个科目至少要上一节课,课的主题通常都在摘要中阐明。

整个星期二早上和三个下午的部分时间用来课堂教学,有一份固定的时间表。除此之外,3年级在星期四的上午有课堂教学,这样,学校的大部分年级和班级在整个星期一、星期三和星期四上午都是自由学习。星期五上午有小组学习,每位女教师都会提前宣布要讨论的主题。她可能会要求某些学生参加,但主要还是学生自愿参加。

各个科目尽可能在科目教室中学习,在这里可以向这一科目的女教师请教。除了规定的课程之外,每个女孩平均每周至少要见女教师一次。当然,只要她愿意,她可以整个学期都待在某一间教室,女教师总是会在那里给她提供指导,或是纠正她学习中的错误。在科目教室里有科目图书室。

每个女孩必须出席规定的课程,但除此之外,她可以随心所欲地安排她在学校和在家中的学习时间。除了规定的课程时间,她在学校的自由时间是34课时,每课时40分钟。根据她在学校中所在的年级,在一周内她的家庭作业时间不应当多于5—15课时,她有责任协调好一个月之内课程表中的各个学科的时间比例。在学科教室的图表上,她要标明她所给的时间和所完成的工作量。

在开始下一个课程学习之前,女孩子必须得到学科女教师的满意。这可以通过考试或是女教师发现最适合这个女孩的任何其他方式来确定。

作业

每个科目的作业是分三个部分布置的。

1. 初级部分:这些作业应当在班上脑子最慢的女孩的能力范围之内,并且每个人都必须完成它。

2. 中级部分:提供广泛阅读和深入思考的机会。

3. 高级部分:鼓励聪明的女孩尽她们的所能去学习。

中级和高级的学生不多做下个月的作业。女孩子们自己选择年级。有时候有必要提醒学习差的学生不要去尝试学习过多的内容。

关于课时的分配(学科和年级),见下页图表:

第九章　一所英国中学实施道尔顿计划的年度报告

第一竖栏给出了一个星期内总的课时数（在家和在学校的课程和学习）。第二竖栏给出了课程课的数量。选修课用星号标出。

历史课和地理课在3年级和4年级轮换开设一年，在5年级上学期各自修习半年，在5年级下学期，学生可以任选一门或两门都选。

教师不必在课程课课时上课程课，她可以只做出解释或指示，并让学生在课时的剩余时间学习。

课时分配表

年级：

	总课时		总课时		总课时		总课时		总课时	
《圣经》	1	1	1	1	1	1	1	1	1	1
英语	5	2	6	2	6	2	6	2	6	1
历史	3	1	6	2						
地理	3	1			6	2	6	2	6	1
法语	6	4	6	3	6	2	6	2	6	1
第二外语					6	3*	6	2*	6	2
算术	6	2					3	1		
数学	2	1	6	3	6	2	6	2*	6	2
科学	3	2	6	2	6	2	6	2	6	2
绘画	3	1	3	1	3	1	3	1	1	1
手工课	3	1	3	1	3	1	3	1	3	2*
烹调					3	1	3	1		
音乐	2	2	1	1	1	1	1	1	1	1
体操运动	3	3	2	2	2	2	2	2	2	2

从理论上说，所有的学习任务应该在科目教室中完成；但实际上，对于我们来说，一部分学习任务要在大厅里完成。尽管每一位女教师在她门外都有一个图表，上面写着哪一天或某天的哪一部分，这个教室将对某个年级或对全部学生开放。但有时候会有这样的事情，一个孩子拿着两三门课的书寻找教室，却发现那些科目的教室都已经坐满人了。在这种情况下，她要在大厅里学习。不管在大厅还是在教室，女孩子们都可以安静地一起学习，这就是她们不断减轻对科目的反感的另一个原因。

我们学校的"议会"经常批评教室过于拥挤和一些人的自私行为,这些人从图书室借参考书,却把书放在家里。

我们从孩子那里学到很多东西,我们经常请他们发表看法。当我们提出请求时,学生会坦率并慷慨地谈出她们的看法。为了保障学校和员工的利益,我们经常听从孩子们的建议,并改善我们的计划。

下面是在道尔顿计划之下工作一年来,我们向学校提出的一组有代表性的问题:

1. 这一制度是否改变了你关于书籍与阅读的看法?
2. 你在哪个或者哪些学科取得了进步?
3. 你认为哪个科目你没有获益?
4. 你同意女孩儿们应当一块儿学习吗?这对她们有好处吗?
5. 这一制度的优点是什么?
6. 你将会如何改进它?
7. 它有何缺点?

学生们聚在学校大厅里迅速以潦草的字迹回答了这些问题,在散会以前大家匿名交上了问卷,只是填上了年龄。学校里有700多个女生,但我们只需考虑6份答案。这些答案由于其坦率或者天真,我们能够了解学生对于其环境的自发反应。

1. "它让我更喜爱书本了,它也提高了我的阅读水平。它还教我如何在文章中更好地表达思想。"

"现在我对书产生了更浓厚的兴趣,一方面,如果我能很快地领会作业摘要,我就有更多时间去看书了。"

"我想这使我看的书更多了,因为我先浏览一番再通读一整本书。"

"我更喜欢扩建后的图书馆。阅读使我受益匪浅。与那些内容平淡无奇的旧书比起来,我更喜欢图书馆(新馆)里现在有的有趣得多的新书。"

"在旧的教学方案下,我依靠听从教师的意见查找书籍;现在我自己查找尽可能多的书。"

"我从现在读的书中获得了更多的乐趣,因为书籍种类多了。而且现在我们在整个学期中不再只是阅读一两本书。比如说历史,关于某一主题我们不再是全班只有一个同样的观点,每个人都能从一个不同的角度来研究问题。"

2. 大多数女孩似乎都觉得她们自己在历史、地理、英语方面取得了进步,许多人声称在新计划下他们的数学与科学都得到进步。

3. 女孩们感到在学习现代语言时,语音成绩下降。有些女孩抱怨自己现在要靠自己的大脑学习而非依赖教师的大脑,她们认为许多学科成绩下降了。

4. 关于这一问题的回答意见不一。毫无疑问,如果女孩们程度基本相当,她们还是喜欢一块儿学习。同时,学习差的女孩希望能得到成绩好的女孩的帮助,但许多人说学习差的女孩太过依赖成绩好的女孩了。

"我认为,在大部分情况下是成绩好的女孩在学习,而学习差的女孩认为她懂了,并把学习的成果当作自己的。如果她单独学习的话她会学到更多。"

"女孩们有机会去帮助别人……某些女孩不知道的东西,别的女孩知道。"

"我们学到的东西增多了,因为我们既有自己的思想,也了解到别的女孩的思想。"

"它能使你对别人更加友好。"

"总的说来,女孩子们与别人相处时能够更加友善,没有那么多的拉帮结伙了;合作增加了。"

"成绩好的女孩花时间来帮助成绩差的。"

5. "学东西快的女孩不会被学得慢的女孩拖后腿。"

"那些学得较快的女孩可以走在别人的前面,而不用等别人。"

"如果某个女孩在某个科目上落后了,全班不必等她,而是继续前进。"

"成绩较好的女孩不用等成绩差的女孩跟上来,不必在已经懂得某件事后,再多次听同一件事的解释。"

"我的时间更多,学的东西更多。"

"我再也不必跳过我不明白的东西了。"

"那些学得不那么快的女孩可以从女教师那里得到帮助,这样她们能比以前学得快些。"

"学得慢的女孩可以多次请求帮助,而不会感到全班的进度对于她们来说是太快了。"

"在某门科目上,你想花多长时间就花多长时间。"

"你不必一次做完某件事,你可以仔细考虑并把它留到另一天去做。"

"新计划的优点非常广泛。除了阅读面的拓宽,女孩们还享受对于个人以及对于学习本身的好处。"

"没有必要不断变换科目。"

"铃响后,你不必中断某一学习任务,并被迫去上另一门课。"

"在旧制度下,我们不得不经常在星期一中断某件事情,并且一直等到星期三才完成它。"

"你学会了沉浸于学习中。"

由此而自然得出推论:

"我们学会了更加严格地学习,而不像在课堂上那样有时会马马虎虎。"

"我在学校能做完更多的作业,在家中做的要少得多了。"

"学到的知识不那么呆板。"

"我们学会了正确而勤奋地学习,这不像上枯燥无味的课那样无趣。"

很多女孩都注意到学校里道德风气改变了,一种基础性的修养扎下根来。

"在这一制度中,我们所负的责任要多得多。"

"当我不是在教师的注视下学习时,我可以学习得更好。因为这让我感觉到,我的学习得到了信任,而我确实学习得更好了。"

"当教师不在身旁命令你保持安静的时候,新计划有助于你学会安静。"

"这套体制的优点在于它让女孩们感觉到自己是可信赖的。"

"我们知道了'信任'的含义。"

还有人注意到了这套制度对他们产生的激励效果。

"你学会了自己思考,而不是依赖教师。"

"这一制度帮助你不去依赖教师。"

"它教你如何自学。"

"我过去常常依赖教师,很少读书,但现在我依赖她们少了,读书多了。"

"在旧计划下,我靠听从教师告诉我的东西,不会去查找任何书,现在我读的书比那时要多;现在我尽可能查阅更多的图书。"

"在旧计划下,我经常发现,纯粹是因为对某一科目感到厌倦,我就不能计算出一道算术题,证明一个定理或是写一篇短文。在这种时候,你会感到有自己的时间表是多么令人愉快。"

6. 有一个学习差的孩子,显然不喜欢学习,也没有责任心。她认为,改进计划就要废止整个计划:

"我要取消这整个制度。几乎是全部取消。为什么我们英国人要去模仿美国人?为什么不用我们自己的思想?我们的气质并不适合这么多的功课,因为我们不像美国人从孩提时就是这样做的。"

许多人主张废除考试或者换一种考试,以改进计划:

"比如说,关于历史课,我更喜欢这一类的问题,比如'谈谈你们所知道的所有关于印度起义的情况,起义原因,在印度产生了什么后果,对英国政府和印度政府的影响'。"

"在历史课中有这样的问题,'为什么殖民澳大利亚是加拿大起义的结果?'关于英帝国的成长,我学习时是每一部分分开学的,知道它们如何成为英帝国的一部分。我未曾将它们联系起来。如果这问题是'英帝国的某些部分是怎样进入英国的统治之下的?'我可以回答得更好,比起对前一个问题的回答让人们产生的感觉,我对这个问题的回答会显示出我知道更多关于英帝国成长的东西。"

有人要求有更多安静学习的时间,许多人要求增加书籍并希望房间不那么拥挤。

7. 提出的意见相反的,有的要求课堂上课增加,有的人则要求减少:

"从书中收集材料要比从教师那里获取花费更多的时间。"

"有一个缺点是,有的女孩倾向于放弃她不感兴趣的科目而仅仅只学习感兴趣的。如果我们必须在一周中就某一个科目上三四次课,就可以避免这一问题。"

"有的人能够使科目变得有趣并能从枯燥的事实中收集信息,对于那些注意力不能集中的女孩子来说,从书中获取信息比从这样的人那里获取信息要难得多。"

"在读书学习时,许多人不能找出最重要的事实,而是费了加倍的精力来学习没有真正价值的烦琐的东西。"

即使像道尔顿计划这样好的构想,想象它在英国任何学校都能得到教师或者学者的普遍接受和欢迎,也是不大明智的。比较保守的教师在最初自然以怀疑的目光看待一个还没有试行的计划,担心他们的威信受到藐视,担心他们多年积累的教学知识和能力将变得没有价值。然而,任何计划如果不能认识这样一点都是不值得考虑的,即,教师不能取消其威信和责任,不应当浪费其经验和知识。道尔顿计划创造了师生间一种如此亲密的联系,以至于教师变得不再是一个独裁者而更多的是一名指导者。我们的知识库向所有希望进入的人敞开。"如果你遇见一个有智慧的人,要赶快去找他,让你的脚站在他的门口,"《传道书》(*Ecclesiasticus*)的作者如是说。由于学校里有了更多的自由,这就成为可能。

此外,没有接受过训练的教师经常不能全面掌握一种相对于他们的经验而言如此崭新的变化。他们仅有的资本是他们的大学经历以及他们对于大学中所学东西的记忆。这种没有能力的教师倾向于只是消极地执行计划。教师、学生和计划是没有联系的三个点,而且有时教师比学生需要更多的监督,因为一个缺乏活力的、没有创见的教师也造就同样缺乏活力、没有创见的追随者。但是,作为一个教师,如果他有信念、有经验,拥有关于孩子的知识和对孩子的爱心,就能产生百倍的效果。道尔顿计划的好处就在于它可以做多种解释和引申。自由和积极的原则不仅适用于教师,而且适用于学生。

总的来说,那些很少或一点也没有看到这一计划运行的人,恰恰是对此计划批评得最多的人。批评的内容包括:师生过度紧张,课桌的尺寸是否适用于不同的使用者,填表所画的垂直线的长度问题,等等。学生的紧张问题分为两类:眼睛紧张和精神紧张。有人担心,学生会因为阅读时间太长而受伤害,但事实上这种情况很少发生,因为一般学生们并不会学习到疲劳的程度;他们会为了讨论而停止阅读,或者换到另一门科目。

然而,对于学习和责任心的担心问题是每个学校都应该认真考虑的。如果教师没有注意到学生德、智、体全面发展的重要性,那么,这种问题在任何制度之下都会出现的。但在道尔顿计划之下,教师与学生联系极为密切,担心责任心问题的可能性就变小了。在责任面前发抖的孩子恰好是那种需要在富有同情心的教导下走向自立的人。在一个富有同情心的教师的指导下,学生就会得到这个机会。每个孩子都被当作一个个体,他的学习以及学习的结果都将适应于他的需要。在任何制度下,忽视自己学习的、心不在焉的孩子都会在学期末担忧、恐慌。现在,我们发现忽视其学习的人减少了,为学习担心的人也减少了。

任何计划在开始实施时,都要求教师进行较多的考虑和讨论,以便思想在一个新的方向上流动。人们不再考虑如何把素材、信息带给学生,而是考虑如何引导学生自己去发现。人们考虑如何激发并维持学生在学习某一门科目中的兴趣。这样,学习变成了"生命和微妙的精神"。自然,做出很大努力之后,早期的纲要还会显示出缺点,学生所做的工作还会不尽如人意,一点失望的感觉会让人感到工作比以前加重了。但几个月以后,努力和思考使得学生作出更为有益的工作,这份压力就减轻了。有人似乎认为,实验室时间就是教师坐着监督学生学习;有些人想象着一队学生每人都问相同的问题,教师筋疲力尽地给出相同的答案。但事实是,教师是活人,仍然拥有常识,仍然在指导和建议,修补并改革先前的计划。

优秀的专业教师可能会痛惜,鼓舞人心的讲授有可能会消失。当我们想起那些令人愉快、激励人心的演讲、训诫和授课时,我们就会认识到这种令人愉快和激动人心的价值多么地依赖于它们对感情的激发,以及这种价值是如何在后来的讨论和阅读之中增加的。无论某一节课是多么激动人心,教师对于其班级的影响在一节课中也并没有达到其顶点。聪明的孩子赞美精妙的授课,并因此而欣赏教师;中等的孩子因此而感动;脑子慢的孩子会因此产生敬畏的感觉。

但是，对一个迷惑的孩子说上几句话，让他从容对待他的困难并对他的未来予以指导，就对努力的实际回报而言，可能会比最为精妙的课堂授课更为有效。一位教师每周是否能给每个年级多于一次的真正令人激动的授课，还是个疑问。我们每星期可能会上几节使我们自己满意的课，但这些课未必使班级受到鼓舞。在道尔顿计划之下，激动人心的授课仍然有其位置，特别是在考虑一个新科目、某一科目的新阶段或是一个重大问题时，更是如此。由这样的授课发动起来的力量，会因为有个人的学习的存在而可能继续运行。

还有一些人认为，教师会因为给学生批改作业直到半夜而疲惫不堪。集体学习会有利于减轻教师批改作业的工作量。小组讨论和组与组之间的讨论可以很好地取代书面练习。每个教师都需要记住的重要的事情就是，对学生而言，心灵和身体两方面的生气和活力比一系列仔细批改过的练习更为重要。即使有机会能把这些批改过的练习进行展览，它们也对不起花在上面的时间。

规定的课程课与自由学习课时的比例，根据特定时间某一年级的需要或者某一科目的需要而不同。对这样的课程课的废止并不是计划的必然内容，而且，有些地方一个教师指导的学生太多，废止课程课实际上是不可能的。

许多道尔顿计划的批评家担心计划可能会弱化班级集体感，减少集体生活。如果在班级集体感的形成过程中，只有课堂教学才是必需的话，那么英国每所学校的每一个班级就都会是一个强有力的集体。如果学校气氛和教师精神都不错，那么在任何制度下集体感都会生长。教师把每个孩子都看作是个人并不意味着孩子们在学校学习时是孤立的个体。不管是在学习还是在游戏中，集体会因集体成就而觉得骄傲，年级会因年级成就而觉得骄傲。集体生活几乎完全是一种社会发展。课堂教学和成绩单不会使一个年级成为一个有生命的团体。

还有一种想法，担心在新计划下偷懒的人可能会太过逍遥自在了。当然，教师们必须牢记这种危险。这通常可以通过劝导他们好好学习来避免。如果劝导不成，教师还可以通过使用一种个人时间表来让他们老老实实地学习，直到他们适应享受这项计划的自由。

但随着作业纲要水平的提高,能够吸引孩子的注意力,兴趣就变成了动力,偷懒的人也减少了。

专业教师担心的另一个缺点是,学生对于他们喜欢的科目会投入太多的精力,却避开他们觉着困难的。他们也担心,学生会蜂拥而至他们所喜欢的教师的教室而不去其他的教室。自然,学生愿意去那些他们能得到欢迎、鼓励和帮助的地方,而避开那些批评他们的人。在任何存在敌视感觉的地方,这种感觉都会减少快乐、活力和学习上的成功。但是如果所有的专业教师能够使自己关注学生的全面进步,而不单单关注某一特殊的科目,就不会有敌意出现。所有的教师都应当认识到,孩子们想学,应当运用每一种方法来帮助他们实现这种想法,哪怕以停止挑剔并成为一个向导和朋友为代价。孩子们在快乐、坚定地追求一个目标的过程中发展出真正的纪律,这种纪律对于孩子性格的塑造非常有益,远比责备带来的羞愧和怨恨要好,即使怨恨会让孩子更好地学习。令人惊奇的是,当孩子们能够选择科目和时间,并开始进行判断时,他们能区别受欢迎的教师和对自己有帮助的教师。值得赞扬的是,哪里有知识,他们就到哪里。对孩子来说,对某一科目有浓厚的兴趣是有好处的,而且,如果对这一点能够给予恰如其分的评价,兴趣就会从一个科目扩展到其他科目。即使不是这样,学生毕业时能拥有这一种兴趣,总比仔细计算且以平均分配的方式学习一般知识要好。班级辅导员和学生进步图表有助于保持一种相当全面的进步状态。当然,有的人总是在某些科目上尽量少学而在其他科目上尽量多学。

准确和简洁是接下来需要着手解决的问题。任何一个好的教师都知道何处有必要准确,何处有必要简洁,而且不会让孩子因为这一方面的失败而损害了其他方面的良好效果。孩子们喜欢考试就是因为考试要求准确,他们知道考试的价值。他们喜欢交上一篇书写整洁、表达清楚、拼写正确的文章,虽然他们潦草的笔记可能令人生气。一个孩子通过讨论或者通过写下潦草的笔记能够充分表达他的思想,但太过强调书写和整洁常常妨碍了他头脑里的真实思想。

口头作业和演讲练习在其他批评家的眼里凸显出来。在课堂上,大多数时间总是表达能力强的学生在讲话,而那些口齿不够伶俐的学生总是在听,或者睡觉,或者结结巴巴说出几个字。他们的思想不活跃是因为,他们太过在意其同伴和老师的批评,以至于不愿占用课堂上的时间。在道尔顿计划中,害羞的孩子有更多的机会,他和教师有更密切的接触;他知道,努力表达自己的想法不是占用课堂时间。另外,教师把他作为个人对待时,能找出一些兴趣点。这些兴趣点可能与手头的科目相离很远,但这些兴趣点能够打开孩子的心灵,使孩子能够自由表达某些他感兴趣的东西。一旦孩子被这样激发起来,他就能够越来越明白其他的观点,也就再不是课堂上的那个表达含糊不清的落后者了。当孩子在教师的身旁时,教师纠正孩子讲话中的错误,孩子接受起来就会爽快得多,纠正的频率也会更多。现在,口语作文已经成为一种很有价值的练习。

  人们承认,计划对于聪明的孩子是成功的;而在批评家的眼里,聪明的孩子占用了教师大多数时间,人们的怀疑常常表现为计划对于脑子慢的孩子可能不那么成功。我们必须承认,聪明的孩子进步的速度远远超过从前,同时,我们也必须承认,脑子较慢的孩子也在以一种更快的速度和好得多的方式进步。脑子最慢的孩子总是需要特殊的关照,他们能够作为个人在集体中得到这种帮助。关于脑子最慢的这类学生,有些人担心,这些学生不会真正喜欢长时间地单独学习。首先,我必须指出,学生并没有被强迫进行长时间的学习。只要他愿意,他可以更换科目。而且,他确实高兴能与教师或其他孩子讨论他的学习问题。很可能他会不喜欢一周时间全用于自己学习,而没有课程课,没有手工作业,没有操练和游戏。但自己能够自由地做部分作业,无疑也增加了在完成任务时的乐趣。

  另一个批评家问:"允许孩子选择自己的活动,将来他们必须在指定时间做交给他们的事情的时候,会有什么样的道德影响呢?"如果一张僵化的课程表能够造就这样一个民族,这个民族具有如此之高的理想,以至于这个民族所作的任何事情都出于责任感和纪律感,这个民族发展到这样的程度,以至于自律已经成为普遍的事情,人们就不愿意去考虑在教育方法中的任何改革了。但因为这种民族是不存在的,人们就有理由希望改换一种较好的教学方法。如果一种教育能够建立在这种基础上,即,无论何时何地,只要学生愿意,就能够自由选择和追求吸引自己的学习内容,这种教育就有可能造就一个有能力选择和追求自己命运的民族,而不是一个被权威的声音领导的民族,无论这种权威在形式上是蛊惑人心的政治家、浅薄的刊物、时装样片还是流行话语。在世界上,人们"在指定时间内做交给他们的事情",或是因为这符合他们的兴趣,或是因为他们谋生所需。在能愉快学习自己感兴趣的东西的环境中成长起来的孩子,在他们将来的生活中,也可能发现这种兴趣是有益的。我们的教育允许孩子自由发展并给予孩子思考和计划的时间。可以肯定,无论在什么事情上,我们的教育都必须有利于孩子人格中内在的良好品质的发展。

第十章 适用于小学的道尔顿计划
利兹市克尔斯托尔路市立学校 约翰·伊兹

道尔顿计划已开始站住脚跟。它已在中学里确立了自己的位置，也在许多小学得到采用。实际上，在从美国引进这种教育方式之前很久，它就以种种修正形式在英国的一些新式学校得以应用。我希望我能提供关于新计划在小学的启动和运作的信息，以便任何有兴趣采用这一计划的教师能够使这一计划适应他们自己的学校和他们自己的特殊情况。

几年前，我在利兹市克尔斯托尔路学校启动了一个专业化体制的方案。我经常听那些接受师范培训的学生们准备和讲授覆盖全部教学科目的课堂授课，这使我深信，任何一位教师要做到完全公平地对待课程表中的每一个科目，都是不可能的。嗜好、教育、脾气性情和知识等等，都妨碍着教师做到这一点。不言而喻，一个教师教得最好的科目总是他了解最多的那些科目，而且这些科目无一例外都是他最感兴趣的科目。所有教师都有一门或几门这样的科目，而且他们对这些科目的热情与敏锐往往会鼓舞他们的学生。所以，学生用较少的精力就能完成更多的学习任务，并且完成得更好。

我们在几次员工会议上讨论了这个问题，并探讨了各位教师的偏好。然后分配给每位教师两门或多几门的专门科目，并相应安排了时间表。从那以后，教育的专业化在我们学校得以运用并取得了可喜的成功。

然而随着时间的推移，在某些科目上，课堂教学重复的弱点和浪费变得令人痛心地突出。我听了上百堂教学科目的授课，这些授课都是经过小心并且常常是精心准备的，然而这些授课的效果却都是根本不够的。这使我的思想转向分组教学。班级被分为三个部分，第一组是聪明的孩子，中间组是一般的孩子，第三组则是较差的和落后的学生。这是整班教学的一个改进。然而,还有一些方面不尽如人意,我们仍然要面对个体的问题。这一问题就是,我们管理的每个孩子都是独特的;在世界上没有哪两个孩子是完全类似的,每个孩子都有其不同于其他人的个性。孩子每次运用他的意志,其行为都对他性格的形成产生独立的和直接的影响。随着时间的流逝,他的性格使他成为一个独特的个体,需要独特地、单独地去对待;因为我们只有个别地对待这些个性,根据每个孩子的性情和能力采用适当方法,才能处理好。

大约三四年前,在这一思想的指导下,我们开始给7年级的学生布置个人作业,一次给孩子们布置一周的作业。后来,道尔顿计划传来了,这使得教学计划进一步发展。但在详细叙述我们的改进之前,我来简单说一下对教学科目进行课堂教学的一些缺点,正是这些缺点促使我们采纳一个不同的计划。

由于教师试图适应所谓的普通学生,聪慧学生的发展受到了抑制,脑子慢的学生被推挤向前而损害了脑力。

懒惰的孩子尽可能偷懒,躲在那些比较好学的人的后面。

至于说合作是非常之少,而合作是教学成功的重要原则之一。教师想把一大堆新事实灌输到孩子们的头脑中,他的教学分解为"讲一点,黑板上写一点,再讲一点"。与此同时,孩子却一直是消极的,并且经常发展到兴味索然和淘气捣乱的地步。任何一节课要想产生效果,必须既要有教师的积极参与,也要有学生的积极参与,而且学生的参与要更胜于教师的参与。

还有,无论孩子是否对特定科目感兴趣,他都必须在一定时间——在规定的时段学习固定的科目。而且,有些学生感到某一科目难学,他却只能在这一科目上花费和那些感到这一科目好学的学生同样多的时间。这种安排会使得孩子产生对那一科目的反感,而如果他能在这一科目上使用更多的时间,并得到更多的帮助,他将克服自己的困难并在他曾经讨厌的工作中找到真正的乐趣。最后,在普通的分级方法下,较快地升级是一个很为难的问题。对一个聪明的孩子来说,唯一的方法似乎就是在一个年级待六个月,然后到另一个年级去。但是这样意味着学习计划中有一个严重的断裂,并且打破了孩子有序、渐进教育的连续性,这样做从长远上看可能弊大于利。

为避免这些缺点,一些科目应当进行个别化教学,而其他科目则应当进行以小组或班级为单位的集体教学。

所有的教学活动大体上可分为两类:

1. 以发展精神能力以及获取为塑造一个明智且有用的公民所必需的知识为目的。

2. 以发展体格,培养社会意识和情感为目的。

根据这两个目的的划分,我们可以大体上把我们的学校科目分成与这两个目标基本对应的两组:

1. 教学科目——例如,阅读、数学、自然、写作、拼写、语法、历史、地理、艺术和手工等,它们对应于第一个目的。

2. 有关身体、社会和情感的科目——如,体育(包括游戏和舞蹈)、音乐、文学、为研究自然和写生而进行的野游、幻灯讲座等,它们对应于第二个目的。1和2中会有一些重叠,但对计划毫无妨碍。

教学科目将进行个别化教学。有时候,有些孩子的学习进度处于同一阶段,我们就会以小组形式教学。个人之间会有合作——鼓励年幼的向年长的求助,也鼓励年长的提供帮助。

其他的科目将以班级形式教学,但是班级划分将主要按年龄划分,而不是按照年级划分。在上这种课时,将会有团体合作;而且,只有通过快乐地运用两种合作方式,才能造就最好的社会生活和最完美的性格。

要做的第一件事情就是决定在哪些年级施行计划。在我们学校是4—8年级。做出决定后,根据分配给不同教员的工作,把教室布置分配给各个科目。我们将房间作如下安排并标明:

大厅:阅读。

1室:艺术。

2室:历史和地理。

3室:英语(包括写作、拼写和语法)。

4室:数学。

5室:科学和手工。

专攻上述科目的教师负责管理他的房间和必须在里面做的工

作。我负责阅读,当然是默读,这就使我频繁地与学校较高年级的学生有密切的接触。

每个科目按月布置的作业由负责这一科目的教师制定并张贴在教室的墙上或公示板上,作业不超过能力一般的孩子所能够完成的数量。孩子们可以把这些全部或部分抄在他们的笔记本上,视他们的需要而定。

上午9:30,铃响了,圣经课结束,孩子们开始去他们想去的任何房间,并能随意停留任何时间。所以在同一时间,任一房间都可能有并且是经常有来自各个年级的孩子。有些孩子待半个小时,有的待一个小时,还有几个整个早上都待在那儿。每个孩子都自己计划自己的作业,并在自己方便的时候完成作业。作业不能马虎。孩子必须读书、学习、写作业、画画、制作模型、做实验,等等。教师简单地向学生询问他们的学习、作业情况,与他们讨论要点,检查他们对所安排的问题的回答。

学习记录卡		
詹姆斯·埃德,6年级		
科目	5月	6月
算术		
几何		
科学		
写作		
语法		
拼写		
地理		
历史		
阅读		
艺术		

我们发给每个孩子一张"学习记录卡"。他把卡片放在书包里的一个信封里,和他的文具、教材放在一起,他要负责保管这些东西,保证它们的安全。

教师向一个孩子询问过他的作业任何一部分的情况或者批改过他的一份书面回答后，便用红笔在上面打一个勾。所有教师在卡片上打的记号都用红墨水。我作为校长，当孩子每个月的作业完成后，我用黑色笔签上我姓名的第一个字母。

教师在认定他布置的月作业已经完成，并签上自己姓名的第一个字母作为标志后，就在他自己本子的那一个月中把孩子的名字勾掉，这个本子上有各个年级的全部孩子的名字。当我签名认定整个月的任务完成后，我就在自己的本子上，在孩子姓名的对面标上一个数字，数字对应的是孩子在其年级中是第多少个完成作业的。通过这种方法，我们能在任何时间及时了解学生作业的完成情况，查看孩子的记录卡可以得到情况的细节。

除非孩子完成了前一个月布置的所有科目的作业，否则他不能被允许继续学习下个月中的任意科目。许多孩子在2月份便完成了3月份的作业，在3月初就完成了4月份的作业。然后，如果他们愿意，他们可以把这个月中的剩余时间用于他们最喜欢的科目——可能他们通过学习这些科目会比通过学习其他任何科目得到更好的教育——或者他们可以接着来完成下个月的任务。大多数学生更喜欢后者，许多人会在7个月、8个月或者9个月之内完成一年的任务，并马上转到下一个年级的任务。学习慢的可能要花15个月至16个月去完成一年的任务，但是当他们完成后——作业是真正完成的，这比为了赶上那些脑子聪明的人而只是马马虎虎地做完作业，对他们的好处要大得多。

在执行道尔顿计划期间，讲授课并不禁止。教师和学生之间的私人的个别交往，使教师能够发现学生的特殊问题。如果几个学生面临同样一个疑难问题，教师就会作一下记录，把学生集中在黑板周围，从而解决这个问题。

学生们常常被要求到参考书中查找更多的信息，而在所要学习的科目的有些部分，学生不能从教科书或所提供的参考书中找到全部必要的信息。如果发生这样的事情，教师会一个月贴出一两次通知或者是写进布置的作业中，预定在某一天的一定时间，叫所有学习这个科目的学生聚集在他的房间里，专门上一节课。这段时间房间里的其他学生去其他科目的教室,在那里继续学习。

这里是我们一个月布置作业的几个样本。

四 年 级

历 史
3 月份

学习:

1. 修道院是如何获得他们的食物和资金的。
2. 男修士。
3. 爱德华三世时期(14 世纪)的一个中世纪城镇。

(见 *Piers' Plowman History*,第 118—139 页)

书面作业:

1. 画一张第 134 页上家庭的草图,不必画出男人和女人。
2. 用自己的话描述男修士。
3. 你认为 14 世纪时利兹的街道是什么样的?
4. 谈谈你对商业公会的了解。

英 语
2 月份

写作:

任意挑选下面所列的主题中的 4 个,收集并整理关于每一个主题的思想,然后在自己的本子上写关于这些主题的文章。

1. 一个雨天。
2. 我的母亲(父亲)。
3. 描述一件特别喜爱的玩具。
4. 给好友写一封信,告诉他你在堆雪人中得到了什么样的乐趣。
5. 一个在冰上发生的事故。

关于这一主题给出两种描述:

1. 伤者的话。
2. 某个帮助他的人的话。

语法：

学习你英语书上第 13 页和第 14 页。

做练习 10，在代词下面画线。

拼写：

做第 44 页和第 45 页上的抄写练习。学习粗黑字体的单词，准备在口语句子中使用它们。

特别课程：

2 月 6 日，星期一，9:30 有一节关于"标点符号"的课。4 年级学生必须全部参加；其他人知道自己的标点使用有误的也可以参加。

五 年 级

几何学

2 月份

1. 画一个边长为 3 英寸的等边三角形。把这个三角形分成相等的三个三角形。在每个三角形中做一个与三边相切的内切圆。

2. 给定一底边，例如边长为 2 英寸，说出构建一个多边形的方法。

3. 为下面模型的手写草图画出平面图、正视图和侧视图。图在书的第 207 页。

4. 从模型箱中选出任何一件模型，按照原模型一样的比例画出平面图、正视图和侧视图。

算 术

3 月份

学习：

1. 学习《剑桥算术》第 32 页和第 33 页上小数的乘法和除法。

2. 画出第 35 页的图形 1，回答旁边的问题。

3. 阅读第 36 页第 4 题，在一张正方形的纸上自己作出一个示例。

4. 填写第 39 页开头的有关价格的表格。

5. 根据第 43 页开头的例子，领会比例的含义，并学习整数法和分数法两种方式。

书面作业：

例：

1. 第 32 页第 10 题的(a),(b),(c)。
2. 第 33 页的(5),(6),(9)。
3. 第 37 页的(3),(4),(5),(6)。
4. 第 40 页的(1),(2),(3)。
5. 第 46 页的(5),(6),(7)。

特别课程：

3月10日,星期五上午,9:30有一节"比例的应用"课,是给所有正在进行这一阶段学习的5年级的学生讲的。其他学生如感兴趣也可参加。

六 年 级

艺 术

3月份

做下面任意四项的任务。

静物写生：

观察教室内你们组那里3月份摆放的物品并画一幅水彩画。

凭记忆作画：

根据你的记忆画出一组物体,包括一个粗刨、一个燕尾锯、一个木槌和一个凿子。当你在手工部时,请你仔细观察这些工具的构造和形状。

图案：

画出两幅花边图案,一幅由直线构成,一幅由曲线构成。用你认为最谐调的颜色着色。

艺术字：

仔细观察展示的罗马体字母写法,直到K的所有字母的比例都已标示出来了。仔细地将它们画下来,字母块的边长为两英寸。注意,有些字母,如C,D,G是由弧线构成的。

绘画：

观察男孩或男人踢足球。注意某个人用脚踢球时他的胳膊和腿的姿势。画几幅球员正在以不同姿势踢球的图画。画出足球比赛中一次事件的场面，这一场面应当可以冠以"救球成功"的标题。

地　　理
2 月份

学习：

学习有关印度的物产和工业，然后学习城市和交通方面的知识。

阅读雷(Lay)的《英国领地》(*British Dominions*)第 50—63 页，在参考书中查找更多的信息。

书面作业：

1. 在地图阅读和练习中，做第 54 页的 4,9,12,13 题以及第 61 页的 3,15,17 题。

2. 做"作业"部分第 55 页的 1,2 题和第 62 页的 1,2 题。

特别课程：

2 月 27 日，星期一上午，11:00 有一节关于"印度对英国的意义和英国对印度的意义"的课。所有正在学习有关印度的知识的男孩都必须参加。

阅　　读
4 月份

当你选好一本本月要读的书后，在你专门用于阅读的练习本上写下你的名字、年级和书名。

在你写下答案之前，先通读整本书。

如果在阅读的过程中，你遇到任何你不能理解的问题，可以问一个大点的男孩或者查阅词典。如果这些对你的帮助仍然不够，你就来问我。

书读完后，书面回答下列问题：

1. 你认为书中哪一个故事最好？哪一章最有趣？描写出来。

2. 在书中你最喜欢哪个人物？说说为什么你喜欢他(或她)，并说出一两件他(或她)做过的事情。

3. 用书中任何一章的内容写一个短剧,或者写一首关于书中任何一个人物或事件的不少于三节的诗。

七 年 级

英 语

3月份

写作:

1. 扩写你的英语书第 115 页上的第 2 个提纲。

2. 写出书中第 129 页练习 10 中故事的第一部分,续写这个故事并加上你自己的结尾。

选出下列主题的任意两个,准备一下,然后全部写到练习本上。

1. 你作为学校足球队队长被授予联赛杯时所作的演讲。

2. 写一封信给好友,祝贺他获得奖学金。

3. 春天即将到来的迹象。

4. 写一封信给一个印度男孩,描述英国严寒冬天的情况。

语法:

1. 给第 59 页练习 1 的第 6 段和第 7 段加上标点。

2. 把第 61 页练习 2 的第 1 部分和第 2 部分由直接引语变成间接引语。

特别课程:

3 月 1 日,星期三上午,9:30,将会有一节关于"直接引语和间接引语"的课,所有 7 年级的男孩都必须参加。

数学和科学

3月份

学习:

1. 学习《剑桥算术》第 12 页顶部关于比例的注释;学习第 16 页上关于利润和亏损的注释;学习第 18 页上关于单利(Simple Interest)的注释。

2. 写出并学习第 26 页上关于三角形的两个公式以及第 30 页和第 31 页上关于圆柱体和圆锥体的公式。

3. 阅读第 37 页关于代理和佣金的注释，以及第 64 页和第 65 页上关于不规则图形面积的内容。

书面作业：

例题：

1.《剑桥算术》第 10 页第 3,15,18,21 题。

2.《剑桥算术》第 11 页第 1,2,3,4,5,21,22,23 题。

3.《剑桥算术》第 12 页第 1,2,3 题。

4.《剑桥算术》第 13 页第 1,2,3 题。

5.《剑桥算术》第 14 页第 4,5,6 题。

6.《剑桥算术》第 17 页第 1,2,5 题。

7.《剑桥算术》第 18 页第 1,3,6 题。

8.《剑桥算术》第 65 页上例题 3（图 4），计算船的甲板的面积。

实验科学：

做出并描述第 6 课、第 7 课中两个以上关于圆柱体和圆锥体的实验。

学习第 13 课中关于比重的内容，并摹画《麦克杜格尔手工艺学》（McDougall's Handwork Science）第 2 册第 12 页上的图。

现在我来谈谈这种单独教学方法的一些优点。

1. 孩子的个性得到承认、研究和培养。

2. 每个孩子都能以他自己的节奏学习。没有孩子因为要等其他人而被拖后腿。脑子慢的孩子也不必受到超越自己能力的催促，因此能进行更好的、更扎实的学习。

3. 有懒惰倾向的孩子由于有了更多的选择而产生了学习的兴趣。

4. 作业由孩子做而不是为他而做；通过学习，他获得了经验，并且由于他自己的努力而有了成就感。

5. 当学生对某件工作最有兴趣的时候，他不会被打断；当学生感到无趣或者疲惫时，他也不必继续做。

6. 教学有整体性。如果一个孩子缺席一两周，他回来后可以从他停下来的地方重新把学习捡起来。他不会像在班级教学中经常发生的那样——因为缺席而失去在科目学习上的连续性。

7. 每个房间的孩子组成一个家庭一样的组织,年龄大一点的和学习较好的孩子在小一点或者学习较差的孩子向他们求助时会提供帮助。但不会告诉他们太多,也不会使他们太过依赖别人。这在年龄大的孩子身上培养了一种助人精神,同时也像所有的教学活动一样使得他们自己的知识在他们的头脑中记得更牢固。

8. 在离开学校之后的生活中,学习方法不会有剧烈的变化。

9. 某个孩子什么时候达到7年级没有时间限制,无论在那一年级内的学生数少到何种程度。

10. 孩子可以在他们最想学习的时候自由学习某一科目,这样的孩子更为敏锐,更为警觉,更愿意攻克困难。

11. 由于必须在给定的时间内安排并完成他的月计划,孩子的组织能力得到发展。

12. 友好地竞争被激发;年龄小的孩子努力学习以赶上年龄大的孩子,而年龄大的孩子渴望保持领先。

13. 在教师和学生之间有一种密切的个人交往。

14. 升级没有困难,每个学生只要够格,立刻就可以升级。

15. 在一个孩子学校生活最末大约一年时间内,他可以在那些他很少或是没有天资的科目上做最少量的作业,这样,他的教育和训练可以主要在那些他非常感兴趣的科目上继续进行。

抄来的这一份时间表可以使人很好地了解下午课堂上学习的科目(见后面的图表)。

全部学生共160—200人,按照年龄分成4组:

    1组 13岁和14岁。
    2组 12岁和13岁。
    3组 11岁和12岁。
    4组 9岁、10岁和11岁。

科目:

如表所示,为了学习自然或者绘画而进行的郊游,或者关于地理或历史的幻灯讲座,是专门安排的,其次数记录到"科学"的日记簿中。

时 间 表

上午

9:00—9:30	9:30—12:00
宗教教育	个别教学的道尔顿计划 学生从 4 年级至 8 年级纵向分级 教学科目在指定房间专业教师的管理下进行 大厅……………阅读 房间 1……………艺术 房间 2……………地理和历史 房间 3……………英语 房间 4……………数学 房间 5……………科学和手工 10:45—11:00,休息 特别手工教育:星期三上午,4 年级;星期四下午,5 年级;星期五下午,7 年级和 8 年级。

下午

组别	1:30—2:15	2:15—2:45	日期	3:00—3:30	3:30—4:00
1 2 3 4	音乐 书法 文学 科学和数学	书法 音乐 科学和数学 文学	星期一	科学和数学 朗读 音乐	朗读 科学和数学 歌曲
1 2 3 4	体育 文学 科学和数学 朗读	文学 体育 朗读 科学和数学	星期二	科学和数学 书法 体育 文学	辩论 科学和数学 文学 体育
	所学教学科目同上午		星期三	运动 如天气不好则进行教学科目	
1 2 3 4	文学 科学和数学 音乐 书法	科学和数学 文学 书法 音乐	星期四	音乐 科学和数学 朗读	歌曲 朗读 科学和数学

续 表

组别	1:30—2:15	2:15—2:45	日期	3:00—3:30	3:30—4:00
1	体育	文学	星期五	科学和数学	朗读
2	文学	体育		朗读	科学和数学
3	科学和数学	书法		体育	文学
4	书法	科学和数学		文学	朗读
	2:45—3:00,休息				

分级按年龄划分。

辩论和戏剧表演由文学和阅读教师负责。

郊游和幻灯讲座专门安排。

上了一节关于卫生和戒酒的课,并展示了物理科学科目的实验作业。由于分组并不对应于年级,教师以小组形式进行了科学和数学科目的实验和讲授,而其他人学习的内容与上午相同。

辩论课和戏剧课在学习文学和朗读的时间里上。文学课以班级的形式上,《圣经》课也以班级的形式上。在这些课中,教师在转达作者的语词、思想和精神中表现出的个性,对孩子的想象和情感产生最大的影响。文学按照我的一本书中的思路进行教学,这本书是《学校文学教育——素材和方法手册》(Literature Teaching in Schools—A Manual of Matter and Method)。这本书覆盖了一个孩子8年的学校生活。

1组的学生每周进行一次辩论会,科目和主辩人都是由孩子们在一周前选定的。这锻炼了年龄大一点的孩子的自主思考能力,并训练他们用适当的且合乎逻辑的方式表达自己的思想。这种练习使人体验到了由倾听他人到作为讲演者的过程,在生活的其他方面也证明是非常必要的。

书法包括书写、绘制图案和一般字体,这有助于纠正任何作业潦草的倾向。当孩子们更为关注正在考虑的主题问题而不够关注他们表达主题的形式的整洁时,潦草的情况就会发生。但是,在道尔顿计划下,如果孩子早上把非常粗心的作业交上去接受检查,教师就会把作业一笔勾销,于是作业练习就必须重做。这使孩子看到,不仅是根本值得做的事情就得做好,而且任何一种潦草的、脏乱不整洁的作业都是对接收作业的人的一种失礼行为。

体育和音乐由一位专业教师负责，按照年龄分组进行教学。对于这种科目，这种分组方式比年级的划分方式要好得多。

下面我列出一些参观者提出的问题和批评意见，并附上我对这些问题和意见的回答。

1. 难道连续的勤奋学习不是给孩子压力吗？

我们还没有发现会如此。当孩子们感到对某一科目厌倦时，他们可以更换科目。经过紧张的学习或者作业书写，孩子可以进入艺术室或阅览室，在那儿他可以阅读一篇有趣的故事或许多故事，他也可以去科学与手工室，做一些试验或用橡皮泥或者纸板做他曾经读到过的某些东西的模型。这减少了造成任何压力的可能性。

2. 教师是不是有精神压力呢？

当然，整个上午的时间教师都在辛苦工作，但他可以自己掌控自己的科目。他可以通过针对学习的主题提出问题改变自己批改书面作业的方式。他可以把几个学生叫到黑板前，对学习中的一些弱点进行小组教学。他也可以走到学生当中去与他们谈一些关于他们的学习的话题。这些变化证明是极有效的。

3. 当孩子们等着给他们打卡的时候，你们怎样防止孩子们浪费时间？

每项作业做完准备打卡的孩子都把他的姓名写在黑板上，然后继续自己下一步的学习。教师按照黑板上的名字的顺序一次叫出一个孩子。

4. 你有没有发现孩子们漫无目的地徘徊于各个房间？

没有。绝大多数孩子在一个房间中待一个小时或者更长时间。如果他们已开始书写回答问题、绘制地图、画画或者写作，我们鼓励他们在开始学习任何其他科目前先完成这一项工作。

5. 你们的教科书全部合适吗？

它们是现今我们所能找到的最好的教材。当人们对适合小孩子的教材有更高的要求时，出版者会作出反应的。教师应该查阅最新的目录并且作出自己的选择。

6. 你是否发现有些孩子在这种新的安排下偷懒？

他们如果偷懒，不可能不被发现。他们的学习记录卡表明他们在每一门科目中做了什么，并且任何一位教师在任何时间都可以叫他们拿出这一张卡。还有，教师扫一眼自己的记录本，便会立刻明白是否有某个孩子疏忽了他的科目，然后就可以叫这个孩子来面谈。但问题的趋势完全不同。困难的是让孩子们在休息时间和在家里的时候不要去学习。由于没有家庭作业，很多孩子自愿地在家里学习。

7. 当太多的孩子同时想进同一房间时，你们是怎么处理的？

那些在这门科目上比较落后的孩子以及那些在本月作业中只有这门科目有待完成的孩子优先进入。教师根据情况需要告诉孩子们，他想要6个，8个或10个人在当时自愿去另一个房间；足够多的人会毫无意见地立刻离开。这是培养克己精神的一种好方法。

8. 在这个计划中，讲授工作是否受到损害？

在下午的班级课程中，有足够的机会进行讲授工作和演讲练习，这可以从时间表上看到；在上午，孩子们之间以及教师和孩子之间经常互相交谈。

9. 如果一个孩子丢失了他的学习记录卡该怎么办？

他得花一便士办一张新卡，他还得找教师们重新给他的学习记录签名。这意味着在丢卡的同时他也损失了时间和钱，因而他会很小心地对待这那张卡。几乎没有人丢失过。

10. 你们是否发现书面作业的书法变差了？

几乎没有。下午有一节专门的课程用来纠正这一方面的倾向。而且，在上午做的潦草的作业得重写。因而孩子们从经验中认识到，根本值得做的事情就得做好。

11. 你想把更低的年级引入到这个计划中去吗？

3年级有可能，但根据我们当前的判断，不会低于3年级，尽管在某些科目上，特别是阅读、写字和算术这三门科目上，一二年级的教学方法主要是个别教学。必须记住，道尔顿计划不是蒙台梭利制度（Montessori System）。

12. 给予学生的自由对纪律有什么负面影响吗？

正好相反，它对于纪律有很大的帮助；它是一种对责任心和自我控制能力的训练。当孩子们感兴趣并且有很多事情可做时,对于纪律是不会有影响的。

13. 孩子们有柜子使用吗?

没有。他们都有书包,每个人都携带自己的书籍和文具;每位有关的教师都会检查这些东西。用于艺术作业、手工制作以及实验科学的用品都存放在指定房间的橱柜里。孩子们要用时便去取,用完之后放回原处。

14. 你会怎样处理一个缺席的孩子呢?比方说他缺席了3个月。

我们会让他在停止学习的地方继续学习,不过我们会对他的大部分科目减少作业量,以便给他一个机会尽快补上。

15. 你对于一个很落后的孩子又将如何处理呢?比如说,他算术很差,而其他科目都还不错?

那一科目将给他布置较为简单的作业,如果有必要的话,会给他布置低一年级的作业。事实上,我们使作业适合他,我们不会尝试让他来适应作业或让他完成不可能完成的任务。

16. 如果有个孩子当月的科目除了一门之外都完成了,在去这一科目的专用房间时发现房间已经满员,他该怎么办?

这样的孩子可以直接去那门科目的教师那儿,告诉他,自己因为没有完成这一科目的作业而妨碍了去做下个月的作业。教师会让一些作业不是那么紧迫的学生让一下,这样做无一例外都是成功的。

17. 你让孩子们在学习时间说话或来回走动,你是否发现古人说的"得寸进尺"会有些道理呢?

对那些屈服于旧的军事化纪律的孩子来说,这句话的确是真实的。比如,那些被父母使用铁棒管教的孩子,以及类似士兵,当对他们的束缚解除之后,会产生反作用,这种反作用的力度通常是与先前的压力成正比的。如果孩子是用健全的方法教育的,这句话就不是正确的。我们当然让孩子们说话和随处走动。如果他们要帮助别人,他们就必须这么做。但我们规定所有的交谈都必须低声说话,从房间的一个地方走到另一个地方都必须是为了和本科目有关的明确目的。我们还没有发现这种权利被滥用。

18. 在旧的教学计划中，教师几乎做了全部的工作，道尔顿计划是不是向反面走得太远了？

我们的安排和方法不会是这样。教师以建议、帮助、指导和鼓励的形式做了很多工作，只不过这种工作是针对个人的而非针对群体的，这种方法使人印象更深更有效。而且，如果有新的学习内容，或是科目上安排学习的特殊要点，我们会以小组和班级形式授课，这种方法只是另外的方法。

19. 在选择科目上什么时候你们才给学生更多的选择自由？

目前，当一个男孩完成他 7 年级的作业后，只给他布置足够让他在本月花上六七天时间学习的数学和英语作业。其他时间用于他喜爱的科目，唯一的要求是要保持学习记录以及这些作业要受到那些科目教师的检查。在特殊情况下，这个计划要针对那些尚且没有并且永远不会完成 7 年级作业的孩子作出调整。

20. 我担心在道尔顿计划下，在课堂教学中教师传送给学生的鼓励和热情会消失，你认为呢？

的确，在某些课程中，尤其是就某些教师而言，当进行教学时，教师会传递给学生以潜在的影响；但《圣经》经文、文学、音乐和一些历史课几乎就是发生这种情况的全部科目了。而在我们的计划中，这些科目是以班级形式上课的。我认为，一位教师和个别孩子关于任何一门普通的教学科目的谈话，都比在班级课堂上所说的话要有效得多。我们那些年龄大的人经常听那些能够启发我们的布道和讲座，而如果我们能够在事后与传教士或者演说者讨论某些观点，效果会更显著更持久。但是孩子们不得不听的乏味且无用的课程有多少？又有多少课程他们因为不够感兴趣而不去提一个问题？但是如果我们把课堂教学和个别学习用在适当的地方，就会产生最好的效果。

附 录 一

附录 I　英国小学曾经使用的作业布置方案

来自一所实行教师专门化的男子小学的四套作业布置方案

历史　　合同3

第一方案

7年级

第1周

英帝国是一个"日不落"帝国。它包括土地辽阔的自治领地。这个大帝国是如何建立起来的？完整并准确地回答这一问题，就是我们这一年历史学习的内容。勇敢的探险故事表现了发现者和殖民者忍受贫困、克服困难的顽强精神。我肯定，你在阅读这些故事时感受到的不只是兴趣；大英民族也具有强烈的正义感和公平感，所有这一切，加上勇敢的行为、大陆上和海洋上的光荣胜利，以及在国内卓越的政治才能，合在一起造就了今日的这一帝国。小小的宗主国英国仅有 50,222 平方千米，而今日的英帝国由将近 14,000,000 平方千米的领土构成。① 大不列颠能作为一个国家而存在，依赖于她保持了海上霸权，所以我们的历史也要从英国和其他国家为发现到达新大陆的海上航线而竞争的时期开始。

---

① 编者注：该数据为本书成书时期（20世纪20年代）的数据。

本周请你们阅读：

《克里斯托弗·哥伦布的故事》(*The Story of Christopher Collumbus*)，《皮尔斯·普洛曼》第 3 册第 54—61 页，《克里斯托弗·哥伦布和首次远航美洲》(*Christopher Collumbus, and the first Voyage to America*)，《三次著名远航》(*Three famous Voyage*) 第 5—8 页。

这些将算作 2 天的工作量；回答下面的问题，算作 3 天的工作量。

问题：

1. 画一幅哥伦布远航之前人们所知道的世界的简单地图。
2. 描述一下哥伦布的早期生活。
3. 谁先发现了好望角？
4. 它由何而得名？

在你填写自己的记录卡之前，把你的作业拿给我看一下。所有的书面作业都同样处理。

第 2 周

本周我们将继续学习克里斯托弗·哥伦布和第一次到达美洲的远洋航行的故事，《三次著名远航》第 8—24 页。

阅读将算作 2 天的工作量；问题将作为 3 天的工作量。

问题：

1. 画一幅地图说明哥伦布到美洲航行的航线。
2. 写一个关于哥伦布远航美洲的故事。

第 3 周

都铎王朝时期被称为"发现时代"(the Age of Discovery)，这一时期的所有君主都表现出了他们对新大陆的兴趣，这是我们伟大帝国的开端。

阅读：《贸易与发现》(*Trade and Discovery*)，《哥伦布和卡伯特》(*Columbus and Cabot*)，《自学历史》(*Self Help History*) 第 38—44 页。

这是 1 天的工作量,下面给出的问题将作为 4 天的工作量。

问题:
1. 都铎王朝时期为什么被称为发现时代?
2. 说出最热心发现通向印度的航路的两个国家。
3. 说出他们是怎样开始航行任务的。
4. 新航路为什么成为必需?
5. 你知道卡伯特(Cabots)和他们的著名航行的哪些事情?

第 4 周

我们将阅读葡萄牙人是如何首先绕过好望角而发现通往印度新航路的故事。

阅读将算作 3 天的工作量;问题将成为另外两天的工作量。

阅读:《瓦斯克·达·伽马和第一次绕过好望角去印度的远航》(Vasco da Gama and the first voyage to India round the Cape of Good Hope),《三次著名远航》第 25—47 页。

问题:
1. 画一幅地图,说明瓦斯克·达·伽马到印度的航行。
2. 说出三条船和它们的船长的名字。
3. 达万(Davane)是谁?为什么他的工作对于达·伽马很有价值?

英语文学　合同 1

第一方案

5 年级

第 1 周

本月的任务是学习歌谣。

歌谣是一种简单的诗歌,用形象化的语言讲述某些众所周知的事件。

自己念几遍下面的摇篮曲:

"老国王科尔是一个快活的老家伙,

一个快活的老家伙就是他。"

数一下每一行里的音节以及重音的数目。当你朗读我们选出的这三首歌谣的时候,你会发现它们是用这种旧式韵律格式写成的,这是流行的歌谣韵律。

《复仇》(关于皇家舰队的歌谣),坦尼森(Tennyson)的《儿童诗歌读本》第 3 册。

在阅读诗歌之前,到历史教室从书架上拿出《都铎时代的情景》。在第 130 页上你会发现有一个极为有趣的故事,讲述的是瓦特·罗利(Walter Raleigh)爵士所著的《复仇》中的最后一战,这位爵士在事件发生时在世,拥有第一手信息。坦尼森的诗歌以此记述为基础。认真阅读罗利的故事。读完诗歌后,你会发现诗人是如何聪明地把故事转化成诗歌的。(1 天的工作量)

不管你什么时候阅读诗歌,都要注意:

1. 径直读完,大致理解诗歌中包含的内容,观察诗歌的韵律和节拍,不要因为某个不懂的词而停顿。

2. 现在重新阅读一下诗歌,不要放过任何你不懂的单词或者段落。你的词典会给你很大的帮助。最重要的是,想想难点,试图理解语词背后的思想。列一个你必须查询的单词的单子,学会这些单词。

3. 现在再次把诗歌径直读完,由于你对诗歌有了清楚的理解,你就能够读懂这首诗歌了,也就更能欣赏这首诗歌了。

4. 用教给你的方法阅读诗歌。在你的地图上找到亚述尔群岛(Azores,与美洲海岸相对)。如果你发现有什么困难,可以询问我。(2 天的工作量)

5. 假想你是《复仇》中的一个船员,写一篇记述战斗的文章。(2 天的工作量)

写完作文后,把本子交上来。

第 2 周

"勒克瑙保卫战",坦尼森的《儿童诗歌读本》第 3 册。

1. 从历史教室拿来沃纳(Warner)的《英国历史纵览》(*Survey of British History*),阅读第 222—225 页关于印度兵变的记述。然

后你就会明白为什么男人、女人和孩子被包围在勒克瑙。注意谁是保卫战的领导者,以及谁领导着救援部队。(1天的工作量)

2. 用上星期所教的方法阅读这首诗。(2天的工作量)

3. 在你觉得最感动的地方划下横线,如果你能的话,再加上一个注释,说说为什么你觉得这些地方写得好。(1天的工作量)

4. 你能看出作者用哪些方法使这个故事生动起来的吗?如果能,指出是哪些方法,并用诗文举例说明。(1天的工作量)

完成这首诗后把本子交上来。

第3周

《欧律狄刻的结局》(*The Last of the Eurydice*),J. N. 帕顿(J. N. Paton) 的《男孩诗集》第2册。

1. 用教给你的方法阅读这首诗,注意韵律。

2. 在地图中找出从印度海返航的船只的航线,在地图中找出所有提及的地点。

3. 注意这首诗是如何自然地分成下列几个部分的。

    1—2节 引子

    3—5节 归途

    6—8节 暴雨

    9节   失事

叙事诗总是遵循某些这样的固定格式。

4. 描述暴风雨的来临(假设你是弗莱彻)。(5天的工作量)

第4周

背诵《欧律狄刻的结局》,记住之后报告我。(4天的工作量)

注意我们关于"叙事诗"分成的段所作的解释,把《复仇》按照我对《欧律狄刻的结局》的分段方法进行分段。

在作业本上写上你的划分方式(1天的工作量),完成后交上作业本。

算术　合同 1

第一方案
5 年级

第 1 周

这个月你们主要是复习 4 年级的功课，复习就是指把那些以前已经做过一次的作业再做一次，确保你不会遗忘。

让我们看看你们已经知道了什么东西，你们已经学会了分数和简单小数，同时你们也学会了长式运算法则。所谓长式运算法则，就是说多位数乘法和多位数除法，也就是说，不用约数对大于 12 的数作乘除法运算。

那么，在第一个星期的学习中，你们将要复习长式运算法则，在麦克杜格尔（MacDougall）的《启发算术》第 5 册上，你们将会发现在第 2 页有已做好的乘除法例题。认真学习这些例题，不懂的可以来问我。然后在每一个练习 A，B 中做至少 3 道题。这大概需要 2 天时间，然后再做《最新权威算术》第 5 册的练习 5 中的 X 或 Y，这需要 3 天时间。

一旦你们做完一个练习就把它拿来更正。

第 2 周

第二星期的工作仍然是复习长式运算法则，但这一次要做钱数、重量、尺寸等的乘、除法运算。

在麦克杜格尔的《启发算术》第 5 册里，你们会在第 4 页和第 6 页上发现几个做好的例题。认真阅读，然后从这些练习中每种练习做一道题。然后你可以翻到第 11 页，做 A，B 或 C 的其中之一。如果你感兴趣的话，做《最新权威算术》第 7 页练习 25 中的 X 或 Y。

第 3 周

对于某些数字而言，做乘法和做除法是存在一些简便方法的。你可以在《基础算术运算》第 11 页找到相关内容。你应该特别留意对 25 和 125 的相乘和相除,在某些情况下,你得用到关于小数的知识。

在头两天,你应该自己举些关于 25 和 125 的乘法和除法的简单例子。你可以用长式运算法则来检验你的答案。接下来 3 天的工作是阅读《最新权威算术》第 5 册中关于什么是约数的内容,以及完成练习 27 的 X 或 Y。

第 4 周

在第 4 个星期的学习中,你会学习到《最新权威算术》第 5 册在第 9 页上关于数的相乘的内容。

有两种方法可以找最小公倍数,我想第二种方法(使用约数)是比较容易找出的。你会发现这个星期的学习,对于你将来做普通分数的相加和相减是很有用的。

学习术语的意思,并理解给出的例题。这两项工作包括了 2 天的工作量。

练习 28(X 或 Y)作为 1 天的工作。

练习 29(X 或 Y)作为 2 天的工作。

自然、科学和图画 合同 2

第一方案
6 年级

第 1 周

1. 首先要学习的主题是对土壤的处理。你看过人们在花园和田野挖掘、锄、耙、除草,但你知道他们为什么要这样做吗?你可以从《蔬菜园》第 5 章中总结出一些有用的信。(1 天的工作量)当你读完后写出对于难耕的土地要深掘的理由。(2 天的工作)

2. 构造一个 1 英寸:1 英尺的比例尺,并按此比例尺画出那样比例的碗橱的前部。(2 天的工作量)

3. 画出为你摆设的物体。(1 天的工作量)

第 2 周

1. 上个星期你学习了翻动土壤的价值,和它怎样使植物获取它们的食物,这个星期我们应该找出那些食物是由什么组成的。阅读《蔬菜园》第 36 页"植物的食物"部分的段落,以及第 43 页上"它们很便宜"。

回答第 49 页上面的问题第 14,15 题。(2 天的工作量)

2. 构造一个 1/2 英寸:1 英尺的比例尺,按比例画在黑板上。(2 天的工作量)

3. 把摆设的物体画出来。(1 天的工作量)

第 3 周

1. 这个星期我们继续学习植物的食品。你必须从第 43 页上收集关于肥料的内容。阅读到这一章的末尾部分。(1 天的工作量)回答第 49 页上的第 10 题。(1 天的工作量)

2. 构造一个 2 英寸:1 英尺的比例尺,说出 4 英尺所对应的英寸数。按那个比例尺画出桌面。(2 天的工作量)

3. 在家里选择一个物体,认真研究它,在学校时凭记忆将它画出来。

第 4 周

本周我想让你们学习尽可能多的关于农田肥料的内容。你们必须阅读第 40—43 页上的内容(1 天的工作量)。在你的作业本上回答下列问题:

植物的主要食物是什么?它们对植物的影响分别是什么?

来自几所教师专业化小学的作业布置方案

1922 年合同 2

历史,2 班

第 1 周

我们上一个月的合同以学习都铎时代早期的城镇生活而结束。我们现在将要注意这一时代末期发生的变化。学习《伊丽莎白女王时代的城镇生活》(*Town Life in Queen Elizabeth's Days*)第 7 章,第 v 页。在你的笔记本中对变化进行清晰的阐述,并说出原因。若需要阅读更多的东西,就过来找我。

第 2 周

我们现在要学习宗教上的变化以及这些变化对人们的影响。学习《修道院的瓦解》(*The Dissolution of the Monasteries*)第 3 章第 v 页,找到这些问题的答案:

在好战的中世纪,修道院做了哪些有益工作?

为何对它们不再有多大的需要?

为何亨利八世想消灭它们?

他是如何着手的?修道院院长、修士、建筑用地,其他财宝如书籍、图版、橡木雕刻等有何遭遇?

穷人们的观点是什么?

第 3 周

我们现在根据第 6 章的内容来研究教区教堂的变迁。研究并写下教堂的情况以及它们在宗教改革之前的作用。

它们在宗教改革之后的作用是什么?

注意现在国王是教会的领袖,每一位新君主都会带来新变化。记录下每位君主统治期间发生的变化。

第 4 周

本周我希望你们能尽可能多地阅读关于沃尔西(Wolsey)的内容,从《历史的创造者》(*Builders of History*)第 3 册开始。他是宗教改革之前伟大教士的榜样,那时教士在国家具有上等地位。其他关于沃尔西的书籍放在桌子上。

地 理

在上一个月的合同作业中我们学习了高地国家,这一个月我们来学习低地国家荷兰和比利时。阅读帕尔默(Palmer)的《欧洲》(*Europe*)第 92 页,这一章是关于征服海洋的,看看荷兰人为了从海洋争取土地并保护土地免于海洋的侵蚀进行了一场什么样的战争。在第 2 章学习这片平地的外貌以及荷兰人对这片土地所作的工作。学习第 88 页和 89 页上关于城镇的有趣观点,以及 T. B. 中关于荷兰的所有内容。

第 2 周

这周我想让你们阅读尽可能多的有关荷兰的描述性摘录,此后用语句描绘出来:
"荷兰景观"作为地理课的作文。
笔记本。可以使用的笔记本将展示在板报上。

第 3 周

我想让每一位女生都阅读一下小开本绿封面的《欧洲与大不列颠》(*Europe and Britain*)第 7 章;并且从帕尔默的书的第 103 页、108 页,以及汤利(Townley)和 T. B. 的书中学习关于比利时的内容。

写下她成为一个繁荣小国的因素,尽可能多地阅读有关布鲁塞尔(Brussels)、根特(Ghent)、安特卫普(Antwerp)、列日(Liège)以及蒙斯(Mons)的书籍。

第4周

这周我们将进行一些地图的实际绘制工作。逐个单独地描出斯堪的纳维亚、荷兰、法兰西和瑞士的轮廓,把它们的轮廓裁成纸片。把它们粘在纸板上并剪下。所有国家的图片应该是同样的比例,那样你才能将它们拼在一起。这样帮助你想象它们的形状和它们之间的关系。之后请继续阅读欧洲国家的故事和摘录。

第4组 地理

4年级

第1个月

一、英国在地球上的位置(旧课)。

学习雷的《不列颠群岛》第1章。

问题:

1. 为什么英国比非洲凉爽?

2. 为什么渔业镇都在不列颠群岛的东岸上?

3. 为什么英国成为拥有世界上最强海军的国家?

二、讲授课。天气图表的制作。

问题:指出英国的轮廓图,把产小麦的地带涂成阴影。

三、学习《人类地理学》第2章第12—15页。

讲授课。果树带。

1. 在产水果的地方涂上阴影。

2. 写出果园种植主从春到秋的工作是什么。

3. 解释为什么水果大量产在肯特(Kent)。

第2个月

一、讲授课。制作天气图表(已完成先前摘要者做这一问题)。

问题:

1. 画一幅英国东南的地图并填上高地和果园地。

2. 复制一个表明坎特伯雷城(Canterbury)和梅德斯通(Maidstone)地理位置的图样。

二、学习第3章,第22—26页,"奔宁山脉高沼地"(Pennine

Moorlands)。

描述从山谷到奔宁山脉高沼地的一段行程。

三、学习第3章,第26—29页,"奔宁山脉高沼地"。

画一幅"奔宁山脉高沼地"的地图,指出其中的山峡并写明它们的名字,标注上铁路。

四、测试。

第3个月

一、讲授课列表。

1. 一条河的流程;它的作用。

2. 海岸线:它们怎样用模型做成。

3. 说明海岸线或说明怎样以看海岸线的方式(或看山脉、山谷等的方式)了解一个国家的形状。

自学:

学习第4章 第30—33页。

做出关于以下问题的笔记:

1. 为什么集镇一定要设在适宜进行交易的位置?

2. 说明约克郡(York)所在的位置。指明为何罗马人和诺曼人要在那里设立城镇并建筑城堡。说出流经那里的河流的名字。

3. 预测什么物品在约克郡出售?

4. 画出约克郡的方位图。

二、学习第33—38页,像提问关于约克郡的问题的那种方式,回答一些关于卡莱尔(Carlisle)和兰开斯特(Lancaster)的问题,留意为什么县要被分成郡,用什么来标识这些分开的部分。

三、学习第41—44页,做出关于棉花生产的笔记:(a)在家;(b)在工厂里。利用百科全书第26,262,359,750页。

第4个月

一、根据轮廓图来画出各个部分。

学习第43—46页并做关于棉花产品从生产到成衣的过程的记录。

二、关于"码头"的简短讲授课,学习第47—51页。

1. 为什么拥有港口是必要的——船只运进运出英国的是哪一类东西?

2. 为什么水路运输比陆路运输便宜,河流的哪一部分被称作"入海口"?什么是"干船坞"?在那里进行什么工作?

三、学习第51—58页。

1. 为什么亨伯河口湾适宜作港口?那里的港口在什么地方?它进行什么贸易?

2. 为什么默西河口湾是一个适宜做棉花产品港口的佳地?利物浦在河流的什么位置?

3. 为何利物浦在近代以前并不重要?为何它现在成为第二重要城市?

4. 进口和出口是什么意思?

5. 哪个是最大的棉产品市场?为什么曼彻斯特运河被关闭了?

四、回答问题。

1. 为什么纽卡斯尔是一个重要的城镇?

(1) 注意它位于重要的交叉路口。

(2) 注意它的海湾。

(3) 注意完成的工作。

2. 工业城市的食物从哪里来?

3. 做关于渔业的笔记——说出在哪里可以找到这种鱼:(1)那些被漂流网网住的小鱼;(2)被鱼钩钩住的鱼。

4. 什么是单桅小渔船和拖网渔船?

5. 抄写第58页的图19,指明"多格浅滩""雅茅斯锚地"(Yarmouth Roads)和"渔城"。

英　　语

10年级

第3周

作文:

一篇说明文,如果完成得好,我将能够在我的脑海中浮现出它的画面。注意每一个细节——正如你在上周语言课学句子时所做的那样。

当然，现在你不可能给我你没有的某些东西。所以，在你开始落笔之前头脑中有一幅清晰的画面是绝对有必要的。

选择好你的描述对象，然后忘记一切，闭上眼睛，让画面在脑海中成形。不要在刚闪现第一印象时就停止，要继续至你能想到每一个细节为止，就像正在现场看着它一样。

从以下的场景选择你的描述对象：
1. 描述一个繁忙的火车站的场景。
2. 描述一幢着火的房子。
3. 描述一个秋晨的任何地方。

语言：
本星期的这堂课需要认真地进行思考。
第一天学习第 39—40 页给出的句子（第 18 课）。
思考那些以黑体形式给出的单词。它们向你指出了一些对你的写作非常有用的东西。通过将一个单词作一些改变，我们可以给予它另一个用法。注意那些给你的单词所作的改变。以此我们可以比较事物。

你要在第 41 页的那一行停下来，做第 41 页上的练习。

第二天学习本课剩下的内容。还有一些非常重要的东西需要在此学习。找出它们是什么，然后在星期四前学会它们，到时我会问你关于它们的一些问题。做练习 7。

阅读：
第 6,7,8 篇。
浏览每篇后面的问题，以提醒自己。做一个你不知道含义的单词的生词表，试图发现它在书中和问话中的用法。

第 4 周

写作：
一篇说明文。
翻到 *N.E. Books* 第 50 页。通读整个第 22 课，想象那儿的每一个细节描述。

现在考虑你这一星期的主题。闭上眼睛在脑海中想象它。安排好你的时间,以使你在有机会真正学会前做此事。将你脑海中的画面和真正的事物作比较。看看你想法中哪些是清楚的,同时把那些模糊的印象也变得清晰。每一个小的细节都必须出现在你的描述中。

不要忘了你没有用正确、合适的形容词便不能很好地描述一个事物。第9课会给你一些例证。

主题:

(a) 描述一个你的熟人;

(b) 描述一张围坐在篝火旁的印第安首领们的图画。

语言:

连接词。19课。

本课后你能在造句时特别使用"and"和"but",在大多数情况下,你已使用过它们,尤其是极多而重复地使用"and"。

学习第43页上的句子。找出"and"在什么时候用于连接词是最好的词,并找出原因。你现在能在自己的作文中以类似的方式使用它。学习"but"作为连接词的用法,以这种方式使用时,它是唯一最好的连接词。

你可以正确运用"and"和"but"完成下一页上面的句子。将它们写在你的个人笔记本上。

第三天的语言课将会对你在这个月所学的内容进行测试。

阅读:

读完《杜鹃钟》(*The Cuckoo Clock*)。

回答文章后面的问题。

英语合同 1

作业 2   13 岁

这周我们将继续学习句子结构(见第5课)。

给出的典型段落说明了两种动词的用法,它们是什么呢?它们又有什么样的效果呢?

进一步注意,可以看到这种及物动词所表达的行为可以用两种方法表达,及物动词的这两种形式保证了多种多样的结构。

认真检查这个段落并认真分析它的构造。然后写下第 42 页练习 1 的答案。

你们上周认真准备的短文必须在本周完成并交上来。

学习快的孩子的额外作业：

把下列松散的句子变成掉尾句①，并陈述重点的不同。

1. 孩子拿起钱并把面包藏在手臂下面，然后走出了商店。

2. 这时她用双手捂住了脸，因为她不能忍受看这种登高。

3. 他站在一个明亮的地方等着，周围有很多颜色艳丽、闪闪发光的窗户。

4. 在整个漫长而沉郁的白天，雪一直在纷纷扬扬地下着。这样，那些散落在山上小村庄的小农舍的屋顶和窗台上堆满了高高的、洁白无瑕的雪，就像披上了厚重的、洁白的冬装。

作业 3

你们应该喜欢本周安排的学习内容，它的标题就使人感到愉快，找出在第 6 课中所有例子中的优点，并感受附图中演讲姿势的力量。

史蒂文森(R. L. Stevenson)是一个少见的有着鲜明个性的艺术大师，在你们的阅读中，要特别注意他著作中图解的说明。

回答练习 1(第 46 页)，写下对每条意见的一个想法，说明你使用的是隐喻还是直喻。

短文：史蒂文森说，我们所拥有的娱乐相对于我们所付出的东西是相当的，这就是为什么枯燥的人会感到世界很枯燥的一个原因。解释说明这种想法。见《内陆航行记》(*An Inland Voyage*)。

---

① 译者注：通常指主句在最后出现的一种复合句。

作业布置方案

实行道尔顿计划的没有专业化的小学[①]

教师向他的班级布置全部科目需要学习的任务。通过这种方式,无级别的教师或者乡村教师也能采用道尔顿计划。

A. 见合同作业图表,折叠的插页。

B. 首先要纠正错误。

算术,朗曼著作第 29—30 页。

英语,雷的著作,练习 30。背写《冬天》。

写出你对威斯敏斯特修道院(Westminster Abbey)的印象。

文学,阅读至少两个《来自自然界的寓言》中的故事。在文学练习本上写出你所知道的全部寓言和诗歌的标题。

问题:

1. 看一幅英吉利海峡的简要地图,然后合上书填主要的港口(英国和法国的都要填)和海洋航线。

2. 每个画五条线,说出你对下列地方的了解:郎德(Landes)、塞纳(Seines)及其盆地、巴黎(Paris)、里维埃拉(Riviera)和马赛(Marseilles)。

3. 说出下列地点的重要性:(1)土伦(Toulon);(2)南运河(Canal du Midi);(3)里尔(Lille)。

法国最重要的物产是什么?

历史,《新自由》,第 32—51 页。

问题:

1. 尽可能简明地刻画出亨利八世的个性。

2. 谈谈你了解的情况:(1) 踢马刺战役;(2) 弗洛登战役。

给出原因、结果并标明两个事例的日期。

3. 描述托马斯·沃尔西(Thomas Wolsey)的性格并写出他生

---

① 译者注:"非专业化"指教师每门课都可以教也都要求教,往往是包班制。

平的主要大事。

4. 全面说明为什么给予路德(Luther)如此高的历史地位。

文献:

地理,《俄罗斯》,麦金德,第266—274页。

雷的著作第91—103页。

问题:

1. 预习雷的著作第103—104页。

2. 在雷的著作第98页作地图草图。参考书:赫伯特斯,第63—66页。

3. 拼写。L. 马奇,第68—73页。

4. 学习《威尼斯商人》。

历史,奥利弗·克伦威尔,约翰·郡克沃特(John Drinkwater),皮尔斯·普洛曼,第92—101页。

问题:

1. 如果你生活在内战时候你会站在哪一边? 为什么?

2. 对于温特沃斯的看法及是什么使你产生这种看法的。

3. 简单说明是什么情况导致了内战。

4a. 你知道铁甲军(Ironsides)的哪些情况?

4b. 什么是自我否定条例(Self Denying Ordinance)? 它为什么是必需的?

附录Ⅱ 斯垂瑟姆县中学使用的作业布置方案

历史教学大纲 9

4 年级(14 岁)

学习主题：

共和国，1649—1660。

1. 在 1649 年英国国王的死刑后，统治英国的各种不同尝试。

2. 克伦威尔的对外政策。

3. 理查德·克伦威尔的清教徒统治的失败。导致国王复辟的事件。

练习：

1. 统治英国的尝试

（1）注意，国王和上议院被废除。国会建立起来，事件背后的力量是什么？

（2）究竟克伦威尔是如何试图利用议会进行统治的？为什么贝尔邦国会（Barebone Parliament）统治失败了？

（3）1653 年，军队试图组阁。用你的笔记下军队的条款。注意克伦威尔是如何仍然想利用议会进行统治的。失败——因为这个群体拒绝统治，而只是讨论。

（4）政府现在落到了军队手中。用笔记下大将军们（Major-Generals）的权限，为什么人们会恨他们？

（5）克伦威尔议会的结局。

研究《谦卑请愿与建议书》（Humble Petition and Advice）。政府又增添了什么内容？

注意克伦威尔在苏格兰和爱尔兰镇压保皇党的行动。

国会在内战中所争取到的原则，克伦威尔在其政府中实现到了什么程度？

2. 克伦威尔的外交政策

(1) 研究克伦威尔处理与外国关系的思想。用笔记下他对法国、西班牙和荷兰的态度,估计一下他在外国势力中的威望。

(2) 注意,舰队的作用:①1655 年夺取牙买加;②打垮海盗;③与荷兰的战争。

3. 克伦威尔去世到 1660 年查理二世复辟期间的事件

(1) 研究理查德·克伦威尔的性格和他统治的失败。

(2) 仔细观察标志着希望回到旧的统治方式的迹象。

(3) 军队和蒙克将军(General Monk)所起的作用。

(4) 布雷达宣言(Declaration of Breda);查理二世的复辟;他曾到过哪里?复辟的条件。

认真考虑并讨论以下问题:

由于国王复辟,共和国被推翻,内战就是徒劳的吗?保留作为清教徒统治时期的遗产,对英国有什么好处?

参考资料:沃纳(Warner)和马滕(Marten),第 2 部;陶特(Tout);汤姆森(Thomson);《皮尔斯·普洛曼》第 7 册;"Documents",第 571—586 页;弥尔顿的《克伦威尔之歌》(*Poem on Cromwell*);

小说:司各特的小说《皇家猎宫》(*Woodstock*)。

地理教学大纲 9
适用于在不列颠岛已学习一年的 15 岁女孩
5 年级上学期(每星期 4 课时)

学习主题:

调查不列颠岛商业——联合王国取得在世界贸易中的地位的原因。

1. 不列颠岛的天然优势

研究不列颠岛相对于欧洲和周围海域的地位、世界地位。注意海湾、河流入海口和港口。认真思考不列颠岛的气候优势以及这些优势对于物产的影响。

2. 我们的食物供应

对最近 20 年的农业情况作一个调查。

本土供应注意本土的肉类供应量及其不足。研究渔业、鱼产品向本土和外国的分配。

国外供应我们从哪里得到小麦和其他谷物，我们在海洋对岸的肉类供应、水果和乳制品的来源。

3. 不列颠岛的工业

研究一下纺织业。

注意那些本土供应原材料的产业。

注意那些国外供应原材料的产业。

认真研究那些"相关产业"（印染业、漂白业、化工业、制皂业、炼油业）。

尽你所能找出关于钢铁业的情况。

工程和造船的主要集中地。煤炭贸易。

4. 运输

国内——铁路与公路——关于乘客与货物的现代问题。

找出到大陆的新的空中航线和所需时间。

5. 进出口贸易

简要叙述联合王国的这种贸易，注意出口的国家和目的地，以及进口的来源国家。

练习——回答下列问题之一：

1. 指出快捷、廉价的运输与贸易的关系。运输问题是怎样影响英国的国内外贸易的。

2. 解释联合王国依赖国外原材料供应的原因。英帝国在何种程度上能自给？

参考书：《地图集》（也注意一下墙上的地图）；查波斯（Chambers）的《商业地理》；亚当斯（Adams）的《商业地理》；霍沃兹（Howarth）的《商业地理》；《英国和英国海域》第 1，2，14，15，16 章；《英国的自然财富》第 17—22 章，查看《泰晤士报贸易增刊》；每日报纸。

英　语

1922 年夏季学期
14 岁　　4 年级　　第 1 个月

《麦克白》：

读第 1、2 幕。第 1 幕，第 1 场：这一场的目的是什么？第 2 幕，第 2 场：指出乡巴佬、网状玻璃、基督受难的意思。为什么国王授予麦克白头衔？写一篇第 2 幕从头至尾发生事件的缩写。

学习第 1 幕，第 5 场，第 13—28 行。

《家乡的诗》第 2 册：

读《家乡的诗》的第 6 部分。

如果你是一个外国人，这些诗会给你留下不列颠的什么印象呢？

你认为哪首诗包含最美的描述？引用那些描述并给出你的印象。

哪首诗表现出最深的爱国感情？

是否有一些诗让你觉着在感情上太假？如果是这样，为什么？

《伦敦河》：

为什么诗要用这种韵律写？

简要地写出这首诗的内容。

写出具有强烈声音效果的短语，即优美动听的短语。

哪一段最能让人联想起河水的流动？

这首诗说出了英国的哪些特征？

举出下面情况的一个例子：韵律、对偶、拟声。

语法：

阅读哈里森第 14 章第 102 页，然后做 104 页的练习 3。阅读哈里森第 15 章第 104 页，然后做 106 页的练习 1。做一个代词列表：人称代词、关系代词、疑问代词、指示代词、物主代词。做一个形容词列表：疑问形容词、指示形容词、物主形容词。分析复合句。

写作：

1. 给一个刚经历了严重困难的亲密朋友写一封表示同情的信。
2. 按《最后一个吟游诗人的歌》的韵律写 20 行左右的诗句，描述"斯垂瑟姆"或是"Tooting Common"。开头如下文：The common streches broad and green.

3. 写一篇独创的故事，名为《柳树谷的幽灵》(*The Ghost of Willow Glen*)。

中等水平：学习《麦克白》任意其他 20 行。

高等水平：阅读《文学百科全书》中莎士比亚的生平。

拉丁文课程提纲
第 2 学年
15 岁　　5 年级上半年　　第 7 个月

第 1 周

1. 造句法

学习戴克斯(Dakers)的《初级拉丁散文》第 61—66 节。这部分包括直接问句和间接问句的造句法。

阅读第 18,21 节，特别注意有关拉丁文中的形容词用作英文中的副词的例子。

2. 散文

用拉丁文缩写诺思(North)和希拉德(Hillard)的《拉丁散文写作》的第 118 和 122 篇。

留意这些部分包括许多间接疑问句的例子。记着练习用完全夺格式和附属从句，而不要用主要从句。

3. 词汇

彻底掌握第 64—69 节词汇表，并设想可能用到这些词汇的场景。

奥维德(Ovid)，摘要 1—4。在这项作业开始前，将会上一节关于韵律的课。

恺撒，第 4 册，第 20,21 章。

4. 提高训练

描述古罗马人是如何攻击一个设防地区的。看一下图片卡，以及利文斯顿(Livingstone)和弗里曼(Freeman)，及其介绍。

学习拉丁术语。

注意:奥维德的诗歌将是这个学期翻译课程的最重要的部分。但我们不能忽视恺撒的散文的翻译,不仅有它自身的缘由,而且因为这有助于我们的散文学习。

第 2 周

1. 造句法

戴克斯中第 58、59 节,《间接叙述法》中的从属从句。

作为复习,学习第 22—24,31—34,37—41 节中的例子。

2. 散文

缩写诺思和希拉德第 125 节,这是为了训练从(a)中学到的语法,缩写第 136 节,有助于测试你后面的学习。在公告板上可查到提示和建议。

3. 词汇

第 70—75 节,第 75 节非常重要。描述不同的人作为动词的主语。

4. 翻译

奥维德,摘要 4—6。

恺撒,第 4 册,第 22,23 章。

5. 提高训练

画一幅罗马军营的图画,描述它,从中学习拉丁文术语。

第 3 周

1. 语法

带有虚拟语气的关系代词。戴克斯中的第 57 节。复习(彻底)最后部分和关联从句,第 47—50 节;第 52—55 节。

2. 散文

缩写诺思和希拉德的第 158 节,修正你关于动词 Fearing 的笔记。

写作练习 146 节,练习带有虚拟语气的关系代词。你应当不靠提示完成,但如果你有困难,你可以参考公告板上的提示。

3. 词汇

第76—79节,编一个小故事,尽量用这些单词,这会有助于你的记忆。

4. 翻译

奥维德,摘要7,8至第20行。

恺撒,第4册,第24,25章。

5. 提高训练

描述罗马炮兵(发石车,弹弓,弩炮)。

(1) 研究图片。

(2) 研究一幅罗马士兵的图片,描述他的衣服、盔甲和他的武器。

第4周

1. 语法

原因从句。学习戴克斯中的第67、68节。复习动名词,看提示和戴克斯中第111,112节,修改关于"must"翻译的笔记。

2. 散文

诺思和希拉德,150—152的练习。

只翻译在这三个练习中包括"must"的短语。

缩写第162节,看公告板上的提示。

3. 词汇

第80—84节,你知道其中大部分单词,重点学习新单词,特别对于第84节。

4. 翻译

奥维德,完成摘要8,9。

恺撒,第4册,第26,27章。

5. 提高训练

一个军团由多少人组成?军团划分成什么?谁是指挥官?对于(a) 士兵的工资;(b) 食物,你有什么了解?

附 录 一

几何学课程提纲 I

2 年级,11 岁

第 3 周　　1 月 28 日

以下有两道复习题,你能做出来吗?

1. 个人注意到一塔顶的仰角为 30°。继续向其走 30 英尺,仰角变为 60°。该塔的高度为多少?

2. 一个站在"O"点的人处于这样的方位:教堂 47°,城堡 115°,山 190°,干草堆 245°,旗杆 280°,小酒馆 320°。请画下图表,表示这些地点的方向。

这里有一些关于测量的有趣问题。如果有必要,画出简单的计划,作业要清楚整洁。

1. 一个花园包括一个草坪和环绕草坪的小路,花园有 55 英尺长,40 英尺宽,小路有 5 英尺宽,计算小路的面积。

2. 一个长方形花园长 135 英尺,宽 50 英尺;在两条长边上有两条宽 3 英尺的小路,计算小路和草坪的面积。

3. 如果该园的面积为 300 平方英尺,宽为 15 英尺,求它的长度?

4. 求面积:(a) 考试桌面;(b) 小型折叠式桌子的桌面;(c) 大桌子的桌面。

以上例子要求每位同学完成。只有学习快的女孩才可以尝试下面的内容。

中级课程提纲

1. 1 平方英尺与 1 英尺的平方的区别是什么?

2. 要想填满一个 $18 \times 10\frac{1}{2}$ 平方英寸的矩形,需要多少块长宽都为 3/4 平方英寸的玻璃?

3. 从一张长宽都为 $7\frac{3}{4}$ 英寸的白纸上裁出一个长为 $4\frac{1}{2}$ 英寸、宽为 $3\frac{1}{2}$ 英寸的矩形,问白纸剩余的面积是多少?

如果你进度特别快,你可以尝试高级课程提纲。

高级课程提纲

1. 长为 12 码，宽为 21 英寸的墙纸按卷出售，问一卷墙纸的面积是多少？当一房长为 $17\frac{1}{2}$ 英尺，宽 $13\frac{1}{2}$ 英尺，高 $12\frac{1}{2}$ 英尺，窗子长宽各为 $17\frac{2}{3}$ 码时，需要多少卷这样的墙纸？假设有 1/9 的墙纸是浪费了的。

2. 围绕一个 15 英尺宽，22 英尺长的房子涂上一条宽为 2 英尺的漆边，已知每平方英尺需要 $1\frac{1}{4}$ 元，共需花费多少钱？

数　　学

4 年级上半年，15 岁

哈尔和斯蒂文斯，《学校几何》（麦克米兰有限公司），彻格尼奥和帕特森（牛津出版社），第 2 部分。

第 1 周

复习定理 32，34，35，38，39，40，41。有关在一个圆中弦的性质和角的度数的性质。

基础题 147 页第 1—6 题，149 页第 8—12 题，15 页第 1，2 题，153 页第 1—4 题，163 页第 1，2 题，165 页第 1—6 题。

中等题：151 页第 3 题，163 页第 3，4 题。

高难度题：151 页第 4，5 题，163 页第 5 题。

第 2 周

1. 根据所给边的长度计算三角形的面积。
(1) 7.34 英寸、4.62 英寸、5.49 英寸（使用毕达哥拉斯公式）。
(2) 利用下面的公式计算上面所给的三角形的面积。

$$A = \sqrt{s(s-a)(s-b)(s-c)}$$

a, b, c 分别是角 A, B, C 的对边，A 表示面积，s 表示三角形周长的一半。

2. 两个正立方体的棱长分别为 3.46 英寸，5.72 英寸，现在将两个立方形熔化铸成一个立方体，求新立方体的棱长。

复习定理 42—49。有关弧与角在同一个圆中的定理，圆与圆的相切,弦切角定理。

基础题:170 页第 1,2,3,13—21 题,177 页第 1—15 题,179 页第 1—10 题,181 页第 1—3 题。

中等题:170 页第 11—12 题,181 页第 4—6 题。

高难度题:170 页第 6—10,19,20,22 题。

第 3 周

1. 一等腰三角形,腰为 4.62 英寸,底边为 2.84 英寸,求三角形的面积,求顶点到底边的高的长度。

2. 找一卷直径是 4.23 英寸,高达 28.32 英寸的书,并计算出它的侧面积。

问题 21—29:圆、公切线、被给出不同要素的三角形构造,三角形和圆。

基础题:187 页第 1—7 题,189 页第 1—11 题,191 页第 1—23 题,198 页第 1—4 题,199 页第 1—12 题。

中等题:187 页第 8 题,191 页第 4 题,198 页第 5 题。

高难度题:187 页第 9 题,191 页第 5,6,7 题。

典型题例:187 页第 5 题:画两个半径分别为 1.6 英寸和 6.8 英寸的圆,它们的圆心距离为 3.0 英寸,画出他们所有的公切线。

191 页第 2 题,构造一个三角形,其中已给出了底边、直角,还有:

1. 另一条边;2. 三角形的高;3. 底边上的中线长度;4. 顶点到底边的垂足。

第 4 周

1. 一个三角形,面积是 47.6 平方厘米,一条边为 8.4 厘米,那么该条边上的高线长度是多少?

2. (a) 运用一个公式去求一个其边长为 a 的正六边形的面积。

(b) 计算边长为 4.3 英寸的正六边形的面积。

3. 一个空心球,外部直径为 10 英寸,它由 1 英寸厚的金属构成,把它融化后重新铸一个实心球,求这个实心球的直径。

问题3,31,一个正多边形。

第207,208页,三角形的中心。

基础题:第200页第2,3,4题,第205页第1—12题,第201页第1,2,3题,第206页第1—4题,第209页第1—3题。

中等题:第201页第4题,第206页第5,6,7,9题,第209页第4—7题。

高难度题:第206页第8—12题,第209页第8—12题。

典型题例:第205页第8题:画一个正方形,面积等同于半径为5英寸的圆。

第206页第7题:在任一三角形中,两边之差等于内切圆与第三边的切点所分成的两条线段之差。

英语教学大纲
1月14日
星期五

抄写托马斯·赖默(Thomas Rymer)的4个诗句在自己的诗集本上,如果有时间做图解说明的话,学习这4个诗句(任何其他你自己选择的诗句也是可以的)。

文学,《奥德修斯奇遇记》第十四回。

为了星期四的学习,把下列内容写在阅读本上。

1. 想象你是奥德修斯,然后写出一种欢迎你的方法,并解释他不能相信你所说的话的原因。

如果你想象你将向某人讲述,你将发现那样会更容易些,例如都是关于奇遇的内容。

2. 在自己的英语本上写下一些难词拼读。

作　　文
星期一

1. 再查一下第198页上《格林伍德的树》,如果你不记得这个故事的话,再读一遍《月亮上的人》。

2. 设计一幕老人、陌生人和其他人物之间发生的事情的场景,不要只用书中的单词,还要加入自己的想象去推测两人之间可能产生的对话。

注意:请在开头部分写出你要介绍的人物和事件发生的地点。

英语额外作业:

继续阅读《印度神话》,阅读过程中回答每一章提出的问题。

(先做其他的英语作业)

法　语

1. 本月第一周将每天有一节课,但这将只留下 40 分钟时间的作业让你利用课余时间在家里或在学校里完成。

2. 你将注意到这个月的"Remi on Angletenrne"的章节尚未被完成,可以根据自己的喜好对它进行划分,保留你的问题,直到 3 月 17 日星期五的第 3 节课。

3. 特别的学习明星可以从以下地方产生:

(1)非常杰出的会话工作。

(2)选修课程。

(3)选择性训练。

附录Ⅲ 英国小学校长和学生对道尔顿计划的一些看法

已开始实施道尔顿计划的小学校长们的意见

伦敦,S.E.

在女生部分的 4 个较高年级,孩子们的年龄在 9 至 14 岁之间。在过去的 6 个月中,我们实施了道尔顿实验室计划。对于低年级一些 7—9 岁的比较聪明的孩子,在某些特殊科目上也实施了道尔顿计划。虽然我们学校是按照 250 名学生设计的,但现在我们已有 277 名学生,所以每班都有 40—45 个孩子。我们的教室已转变为实验室,但因为缺少房间,所以每间教室得安排两个科目。然而,由于我们上午学主科,下午学辅科,我们并没有发现这种安排有什么不方便的地方。这样,数学课和手工课共用一个实验室,而英语实验室也让卫生课使用。每个班级的教师上 2 门课有时还上第 3 门。我们通过把作业分成大量、中量和小量的方法,克服了由于同一个班的个别学生之间在学习能力和进度上存在广泛差别所造成的困难。用这种方法,那些聪明、脑子快的孩子就不会被较慢的同学拖住后腿。

在实验开始的时候,为了让孩子们定下心来学习,并自己为时间的安排承担起责任,我们确实遇到了一些困难。但当他们习惯了他们的新自由后,头一天的困惑没有了。我们所有教师都一致声称,在道尔顿计划之下比在旧的制度之下,工作做得更多而且更好。甚至,因为缺乏足够的书供人使用,学生之间还培养起互助精神。我们用图表来记录取得的进步,而在卡片的背面有一个品行图表,上面字母表的字母用来表示违反我们的纪律标准的过失——A=1 次过失,B=2 次过失,依此类推。

从教师的观点来看,我们确实发现道尔顿计划需要繁重得多的工作。起初,我发现教师们在作业的编排和批改上花了半夜的时间,我极度担心,由于这个原因,我们可能不得不放弃新方法。然而,他们中的任何一个人都不愿意放弃,而且我们现在已经通过减少在作业上所需的工作量在某种程度上克服了这一困难。就我个人看来,不要设定太高的学习标准,尤其是刚开始的时候,这是必要的。如果任何一个孩子在周末或月末之前完成了她的作业,我发现花几小时甚至一天的时间来静静地看书是一个充实时间的极好方法。当然,每个孩子都有选择书的自由,并且她们好像很喜欢这个学习弱项的额外机会。在这里,专业化吸引了我们的教师,因为这样提供给她们一个增加知识的机会。并且有些人表示遗憾,抱怨这个体系没有让她们把所有精力都投入一个科目上。

伦敦,W.

至目前为止,我们只重组了女生部的一个班来实施道尔顿实验室计划。但我们6个月来的实验结果是如此地令人满意,以至于我们希望下学期把它扩大成两个班。我们不会因为任何原因而使用原来的方法。道尔顿方法对孩子们的影响是极好的。不仅现在她们在学习中感到真正的愉快,而且在道尔顿计划下,她们的成绩也比以前好得多。我们发现孩子们对彼此更具有同情心了。因为有30—40个学生在这个特别班里,参加同一科目的每一组从它的成员中选一个帮助者,当助教正在帮助另一个孩子或者忙于另一门科目时,那些遇到困难的孩子就可以去找她求助。这些帮助者是大一点且聪明一点的女孩子。当然,班级教师也总是注意检查她们所给的帮助并加以补充。除此以外,班级教师还做了一本班级日志,上面有所有学生的名字。在检查完每个学生的作业后,她会写上批语,并加上一句对总的进步情况的建议。这本日志总是可以让每个学生随时察看。这些措施使教师能够应付道尔顿计划对她的时间和知识所提出的更高要求,也使学生在独立学习时能够为解决任何困难找到直接援助。我的教师们不愿意把她们的工作限制于仅仅教课程中的一个科目。她们好像认为这种专业化束缚了她们的思想观念。因为大部分初中的孩子在14岁时完成学业,所以普通教师当然应当能够适应所有标准科目的要求。

英国小学学生对于道尔顿计划的看法

1班

1. 我的确很喜欢现在我们所用的这种方法。(1) 我喜欢在书中查找信息;(2) 当我觉得一门科目学累了时,我能改换另一个科目;(3) 当我觉得自己想学习的时候,便可以学习,但是在以前,在旧的方法下,我却做不到;(4) 使用这种方法,我们可以有整个下午来学习其他科目,所以我非常喜欢这个计划。

2. 最初我并不喜欢这个计划,我无法理解它,它看起来很特别。我明白它的安排,却不会使用它。但是现在我很喜欢它。我也不知道原来麻烦在哪儿,只是似乎我很难使用它。

3. 我找不出道尔顿计划有什么毛病,只是:(1) 当我满怀兴趣学习的时候,却到了回家吃饭的时间,或许这可以算是毛病;(2) 更何况我并不特别喜欢在周五下午抄写布置的作业,但这些都是小毛病;(3) 我喜欢有更多的口语课程。

4. 我们没有足够的书供学生来读。举例来说,只有两本《皮尔斯·普洛曼》的第4册,女孩子们大多都想同时拥有它们,所以下个学期要是有更多的书就太棒了。

1班

1. 我喜欢这个计划,因为以前我仅仅满足于一些表面的知识,让教师给我他们已经从书中得到的东西,并接受他们想出来的任何东西,自己却不动脑子。这样我越来越依赖他们,并且在任何科目上几乎没有自己的想法。现在,我大概仔细阅读了两三本书,当我发现有些东西的确不错时,我会觉得好像自己有了一个新的发现。所以它让我更加渴望学习,兴趣更加浓厚。除此之外,每当我们留下周作业时,总有一些新的问题吸引着人去解决。而当我觉得自己已经解决了某个问题时,它便激发了我新的兴趣,因为我感觉自己好像更有进步了。现在我们不得不依靠自己的努力了,所以我们一直很留心所学科目的新进展,并且对身边所有事物都有一种普遍的兴趣(我指的是我们所能得到的最普遍的兴趣)。现在,当我们在一个科目中寻找乐趣时,我们会对所有的科目都产生兴趣。

另外，这个计划让我们把更多的时间集中到不同的科目上去，尽管这正是我认为这个计划不太好的地方，因为虽然我们用与从前大致相同的时间来学习，但我们需要去读更多的书，做更多的练习。我认为没有人可以仅用在学校的时间便完成学习任务，有也仅是极少数人。不过，当然我们并不吝啬这一点点时间，只是如果我们有更多的时间，我们就可以把更多的空闲时间放在额外的工作上了。

相较于我们只是学习我们比较差的课程，而不能发现原因和效果，等等，这一计划更能指出我们的缺点。这就像不得不自己寻找食物。相比在大学或者学院花12个月试图学习关于动物和自然的知识，依靠其他人加工好并给予你的食物为生，这样你可以学到更多关于动物与自然的知识。

2. 我觉得这个计划的突然性让我们喘不过气来。另外，我并不希望改变我们已经使用了很久的旧计划，而代之以一个有着新理念的新计划。我们过去的支持者——教师们将会走掉，人们不会欢迎更加艰苦的工作，尤其当我们还沉浸在以往的舒适之中的时候。我们的课程和时间也难以适应。我们发现，在一周结束的时候，我们很少能开始一门新科目，或者几乎不能完成另一科目。

2 班

1. 我以为，这是个极其不错的计划，相比过去的方法，我更喜欢它。这样，我们可以有更多的时间来开展学习，而且无需再等待其他人。我们自己就可以顺利地开展学习，但这样教师就得辛苦点了。

2. 我以为，问题就在于我们的确不知道该如何自学，也不习惯自学，而且有些人对书本不耐烦。

3. 有时我们必须等待书本，这是不可避免的。

4. 我们只能中午玩20分钟，而不是早上玩10分钟。

5. 我们每个人可以带一点钱来帮助买新书。

6. 因为上面4个年级正在使用道尔顿计划，所以我想，我们可以每门课使用一间教室。

2 班

1. 我认为，道尔顿计划更好更有乐趣，因为我们更自由，可以自己发现东西，而以前我们只能知道教师告诉我们的东西。

2. 在新学期开始的时候,我们习惯于被告知一切的一切,并且一点也不熟悉我们的课本。我不知道在哪本书上能够找到某个知识点的最佳表述,更不用说找出我们的课本所包含的内容。

3. 尽管我很欣赏这个计划,但它仍然存在一些不足:

(1) 当只有一本书包含全班所要学习的要点时,某些女孩子可能无法完成她们的工作。

(2) 我们老得跑来跑去。

2 班

1. 我确实很喜欢这种新的方式和学习计划,这样使我可以更多地自主学习。它有很多优点,例如,你不必在一门课的中途停下来,而去开始一门不同的科目。

2. 当我们初次接触到道尔顿计划时,发现它相对于旧计划来说变化极大,我们无法真正完成我们的工作。因此,我们有些人没有完成周作业。

3. 这儿有一些缺点:(1)全班只有一本书可供传阅,这是一个弊端,因为有时有的孩子拿不到这本书;(2)地理课和历史课教室太拥挤,一些女孩子不得不回到各自的教室,甚至极有可能更改自己的所选科目。起初,10:00 课间休息对于教师们极不方便,但这种状况正在改善,并逐渐趋于合理和完善。

4. 我们需要更多的课本来供整个班级传阅。这是一种有趣的工作方法,但如果我们可以依据这个新计划在下午学习的同时,还可接触到科学、卫生学和一些比赛,这个计划将会更为完善。如果我们能够早起一点的话,我们应该有更多时间去玩才对。

3 班

1. 我非常喜欢道尔顿计划。它是一种有趣的学习方式,在历史课和地理课上,我们根据自己的进度开展学习,并且能用这种方法学到更多的东西。而在以前,当我们分散上课时,那些聪明的学生不得不等学得慢的同学。同样,数学课也有这种情况,顺利学习并且计算完的同学不得不等其他人。但现在我们可以在给我们的 2 小时里的任何时间来学习。在考试之前的这段时间里,我们可以做更多的复习来拿一个好名次。它还教导我们不要老由教师盯着,而要靠我们自己。

2. 刚开学时,我对实施的这个新计划一点也不喜欢,这种全新的方法我们一点也不适应。可当我们习惯了,就没有问题了,都觉得喜欢了。

11岁,第5个月　　3班

1. 我很喜欢"道尔顿计划",它好就好在,如果我们对一个题目进行不下去了,或不能集中精力了,我们可以先做其他题目,然后再回过来。而且,如果没能在指定的时间内完成作业,我们还可以多用几分钟;若不用这个方法,我们就得停下来,作业自然做不完了。我还想,通过作业的完成,我们能学到更多的东西。要是有一周我们做的是极简单的题目,很快便做好了,我们则可在其他题目上多花功夫。

2. 在新学期开始时,我曾以为我们永远完不成这些作业,且如此仓促,也不可能掌握好我们应该学好的内容。但在两三周后,我们开始理解新方法。我们发现,如果仔细工作的话,我们可以全部做完。

3. 我找不到这个计划的任何漏洞,我认为它是成熟的。

12岁　　3班

1. 新计划的理念很让我高兴。例如,当我全神贯注于某些学习内容时,虽然这时候已经过了半个小时,但我还可以继续进行,直到我学习完这一章节为止。我们很自由。

2. 学期开始的时候,我的问题在于:(1) 我以为周末我会完不成作业;(2) 我们要自己学习,而从前,老师们会给我们上课;(3) 我不大习惯。

3. 在我看来,计划的缺点不多。一个是,学习过程中需要走很多路;另一个是,如果你落后了,你需要赶上其他同学;第三个缺点是,赭波(Gibb)小姐借给我们的、用以帮助我们学习历史和地理的书可能会随着时间的流逝而受到严重损坏。

12岁　　3班

1. 我非常欣赏这个新计划,我对独自做作业更感兴趣一些。勤快的女孩不必等那些慢的,而只要学得更多更好,就可以赶在其他人前面。

2. 刚开学时我一点也不喜欢这个方法,因为我不理解它,我认为我一点也不会进步的。这也会让我觉得,好像我不想做是因为我不懂所致。可是随着学习的增长,我开始明白了,使用新方法的第一个早晨来临时,我十分高兴。

3. 最大的不足是我们早晨工作的时间不够,有时正学得如醉如痴,却是该走的时候了。我不喜欢经常在星期五去抄合同,有时候我们有很多合同要抄。

4. 至于下学期,我没有什么好建议的了。

12 岁　　3 班

1. 我真的很喜欢这种新的学习计划,因为当我自己在学习时,似乎总是能学得更快。我还认为自己能够学习得更加努力一些。现在学习起来似乎比以前容易了,因为我不喜欢有一位教师站在面前告诉我要做什么,我喜欢自己学习。这种新计划似乎使我学习更加努力,因为我知道任务必须完成,否则我就会落后于其他女孩子,而我不想那样。因此我确实非常喜欢这个计划,我希望我们能一直通过这个计划进行学习。

2. 在本学期初,我并不喜欢这种学习方式,我觉得它太奇怪了,一切都似乎不正常,我根本就无法继续自己的学习,我不喜欢到地理和历史室去。过去我才去了几次,但现在我喜欢去那儿。我已逐渐喜欢上这种方式了,真的,非常喜欢!

3. 我找不出计划的任何缺点,而且我认为任何人都不能从中找出任何不足之处。

4. 下学期,我不能对学习提任何新的建议,因为我还想继续以这种方式学习下去。我不想有丝毫的改动,否则我会不喜欢的。但我希望有更多的假期。

附 录 二[①]

附录Ⅰ 道尔顿计划在 21 世纪中的角色[②]
美国纽约道尔顿学校 理查德·布卢姆索

我把"道尔顿计划在 21 世纪中的角色"作为我的课题,我希望你们能够原谅我选择以我们自己学校评定的教育哲学和方式为主。但是通过聚焦我非常了解的历史和以某种方式出现的可能的未来,我可以把一些小的启发带进更加广阔的教育领域。值得一提的是,道尔顿计划不仅仅在纽约的一所学校使用,经过创始人的著述、广泛的传播和一些口头约定,世界各地出现了许多道尔顿学校,荷兰有近 200 个,捷克斯洛伐克有 4 个,日本有 2 个,澳大利亚有 1 个。此外,作为 20 世纪早期进步教育哲学的典型,道尔顿计划影响了其他许多国家的学校,包括英国、苏联,甚至包括一些现在还没有道尔顿学校的国家。[③] 而且,作为进步主义的典型,我希望道尔顿计划的历史和可能出现的将来,从总体意义上可以考虑向未来教育提供启发。

在美国,随着社会和政治革新运动的广泛开展,进步教育运动开始于 20 世纪初期。在很大程度上,国家要面对迅速工业化以及移民和人口都市化快速增长所引发的实际问题。20 世纪初期,和 21 世

[①] 译者注:本附录为译者所加。

[②] 译者注:2000 年 10 月,美国道尔顿学校的理查德·布卢姆索校长应北大附中赵钰琳校长之邀,参加了由北大附中主办的"世界著名中学校长论坛",作了题为"道尔顿计划在 21 世纪中的角色"(The Role of the Dalton Plan in the 21st Century)的主题报告,此文为该报告的中译文。理查德·布卢姆索先生现任香港中国国际学校(Chinese International School in Hong Kong)校长。

[③] 关于道尔顿计划对苏联早期影响的详细讨论,包括来自娜杰日达·克鲁普斯卡娅夫人即列宁妻子的支持,参见 1947 年春天《哈佛教育评论》,第 17 卷第 2 期。

纪初期一样,人们普遍感受到世界正在进入一个新时代,因此产生了需要新型学校以新的教学方式满足新时代的需求的感觉。在这次运动中,出现了两种分别独立但又彼此相关的目标。一个是社会的:学校应当成为社会改革的动力,要造就高素质市民,培养他们服务社会所需要的技能。另一个是个人的:学校应该使每个孩子得到全面发展。这两个目标其实并不矛盾,因为只有全面发展的个人,才能以最好的方式在不断变化的世界中发挥作用,并服务于更加广阔的社会。

在这种背景之下,道尔顿计划的设计者和道尔顿学校的创始人,海伦·帕克赫斯特就是教育革新派中的一个。革新派们尽管对学生群体的发展也怀有兴趣,却把更多的精力放在学生个体的发展上。作为蒙台梭利和杜威的追随者,海伦·帕克赫斯特早在1913年就完成了组建一个学校的计划。[①] 开始时,她试图在马萨诸塞州道尔顿镇的公立高中实施她的计划——这个计划命名的起源。一年后她在纽约建立了一所私立中学,儿童大学学校,很快就被命名为道尔顿学校。一直到1942年,海伦·帕克赫斯特小姐都是道尔顿学校的校长。

和其他许多改革者一样,海伦·帕克赫斯特强烈反对刻板、专制、以老师为中心的教育,这种教育正是学校教育从19世纪继承下来的传统。她的计划中最惊人的革新是用她称之为"实验室"代替教室。在她提出的系统中,学生应该接受和承担长期任务,主要体现为每个科目一个月的工作。她认为,当学生了解一个月必须完成什么任务后,他们将会很快学会安排他们的时间,根据他们的个人兴趣进行学习。学生不再需要听铃声按课表上课,他们可以随他们的兴趣参加某一门课程的学习,他们到他们感兴趣的教室或"实验室"去,在老师的监督下与其他学生一起学习,只要这是他们感兴趣的课题。

在某种程度上,这个计划是建立在动机心理学概念的基础上的。海伦·帕克赫斯特认为孩子的天性是好奇和好学的,当他们天生的

[①] 海伦·帕克赫斯特:《道尔顿教育计划》(*Education on the Dalton Plan*),第13页,纽约,1922年。

好奇心被激发的时候就是学习的最好时候。她认为他们的兴趣不会随上课铃声的变化而转换。她写道:"从学术或者从文化的角度来看,当学生在学习任何吸引他的科目的时候,必须让他自由地继续他的学习而不被打断,因为当他感兴趣时,他就会头脑敏锐、思维更加活跃,更有能力征服在他学习过程中可能产生的任何难题。在新方式下,不会有铃声在指定的时间勉强把他拉开,根据教学的要求,强加给他另一门课程和另一位教师。"①

在这种设想之下,即让学生依据他们的自然好奇心和意愿去学习,海伦·帕克赫斯特明确地将她自己放在类似卢梭、爱默生等作家的浪漫传统中,她广泛引用了后者的言论。同时她把自己与卢梭分离出来,把给予学生自由与学生必须完成规定任务的观念融合在一起。学生可以自由地在学校里追求他们自己的爱好,但到月底,学生应该完成每一项科目老师布置的任务,并用卡片标出学生完成任务过程中每个阶段的进步。另外,尽管海伦·帕克赫斯特鼓励学科之间的交叉,她的课程体系里仍然保留了传统科目。所以说,她比其他革新者更加保守。有些革新者甚至鼓励学生随心所欲地去决定自己想学什么、想干什么,仅仅凭意气办事。海伦·帕克赫斯特的计划保留了相当大的课程的权威性:"在道尔顿实验室计划中,我们把学习中的问题直接放在学生面前,并指出必须达到的标准。此后,我们允许他以他自己的方法和自己的速度解决问题,只要他觉着合适即可。学生对结果的责任心不仅会发展他潜在的智力,还会发展他的判断能力和个性。"②

这样,除了向学生的精力和兴趣提供基础,计划还打算进行个性塑造。通过学习安排时间,与其他学生在实验室环境中相互合作,孩子将学会自我约束。此外,学校环境还将试图复制真实的生活体验,任务的重点将是解决问题,而不是老师指导下的死记硬背。她这样写道:

---

① 海伦·帕克赫斯特:《道尔顿教育计划》(*Education on the Dalton Plan*),第19页,纽约,1922年。
② 同上书,第22页。

"在孩子开始面对青年和成年的各种问题之前,在童年时代就必须加强孩子解决问题的能力。只有当教育被设计为给予他这样的自由和责任,并允许他为了自己而独立地处理这些问题,他才能达到这一步。经验恰恰就是这种东西。没有它就谈不上个性的发展,没有个性,各个年龄段遇到的问题都不能得到令人满意的解决。孩子受到我们教育规章制度的桎梏和阻碍,将不会得到任何形式的经验。他既学不会解决自己的困难,也学不会解决与自己同伴的接触中所产生的困难。"①

对于经验,她继续写道,它测试的是个人的道德和智力结构,不是其他任何东西。② 她的最终目标,简单地说就是"让学习变得像游戏一样吸引人,让教育像游戏一样寓教于乐,最终造就无畏的人类,使他们拥有最宽广而敏锐的理解力,这是我们的理想"。③

在实验室和任务的引导下,计划还包括第三个因素——教室。这是组织学生分成小组的系统,典型的多级别多水平的系统,目的是为了讨论学校中或世界上发生的事情。这是一种方式,通过小组协作在实验室解决问题,激发公民概念,弥补计划中强调个人主义的不足。

正如海伦·帕克赫斯特所描述的,这就是道尔顿实验室计划的简单纲要。经过 80 年的实践,面对历史和文化的变迁,道尔顿计划已经在纽约道尔顿学校获得进一步完善,并在世界各地的道尔顿学校得到更加独立的发展。

在美国,进步教育运动本身或多或少就在 20 世纪 50 年代结束了。到那时,大部分较明智的革新运动成果已经成为主流思想的一部分,包括那些以孩子为中心的学校教育理念和在课堂上注重创造教育的思想。尤其是由于苏联第一颗人造卫星的上天,引起了美国人的觉醒,并由此感受到美国教育的滞后。受到冲击的

---

① 海伦·帕克赫斯特:《道尔顿教育计划》(Education on the Dalton Plan),第 6 页,纽约,1922 年。
② 同上书,第 7 页。
③ 同上书,第 27 页。

是进步主义的极端原则,例如孩子可以学习他们想学的任何事物和课程内容无关紧要的思想。在纽约的道尔顿学校,对原来的计划进行了多年的改变,尤其是在高中学习期间涵盖了大学预科课程,这变得越来越重要。实验室的概念依然存在,但是现在把丰富的补充内容带进了课堂——一个学生和老师见面的个别指导时间。

这种发展,看起来几乎是一种退化,是不是推翻了海伦·帕克赫斯特的原则呢?有趣的是她陈述了这样一个观点:"我就一直谨防着这种诱惑,即,把我的计划变成适合任何地方任何学校的陈词老套的、不可变通的东西。只要使这一计划充满活力的原则得以保存,那么这一计划就可以在实践中根据学校的情况和员工们的意见加以修改。"①由于实验室的突出地位和显著特征,我们应该辩白一下,激活这个计划的原则依旧保留了下来。重点还是在于学生的实践和探察,在于给长期任务安排时间,在于创造、设计和问题的解决,而不是听教师照本宣科。我们还要付出努力,使学校与真实世界更为接近。无论是通过对网络的研究和探索,通过用印刷语言替代真实经验的计算机模拟,通过多媒体或计算机辅助设计的运用代替学生规划的传统观念,或通过全球学校和学生间的数字通信,从各个方面来说,技术都扮演了而且无疑将在新世纪继续扮演重要角色。

我真诚地建议,海伦·帕克赫斯特和其他许多进步教育家提出的教育原理作为依旧健全的原理,可以将其作为21世纪学校遵循的基础,尽管这些原理源自20世纪初期。奇怪的是我们的年代和第一次世界大战的年代有许多相似之处。90年前,面对由工业化引发的迅速变化,进步的理论家感到预知他们的学生将来要做什么很困难,因此他们要教授一种解决问题的思考方式,这可以运用到将来面临的任何问题和情况。同样,我们面对的也是一个快速变化的世界。在这个世界中,今天的学生也许将要在他们的生活中解决和学习他

---

① 海伦·帕克赫斯特:《道尔顿教育计划》(*Education on the Dalton Plan*),第27页,纽约,1922年。

们现在还想象不到的问题和新事物,在这个世界中,他们可能不是拥有一个职业而是好几个职业。因此我们要教授今天的学生思考的习惯,还有研究和调查的技巧,利用这些他们可以生存下去。我们还要教授他们创造、独立、自我约束和自信,成为将来未知世界的无畏的和独立的开发者。此外,作为对他们内在个人主义的弥补,我们还要教授他们对他人和社会的责任感。

像我们大家一样,20世纪初进步的思想者感到,他们正处在一个新时代的开端,例如,海伦·帕克赫斯特就要求"创造一种新鲜而充满活力的方法去适应新的富于生机的人类。"明天的学校将与1920年的学校截然不同,我希望我能够建议,一些20世纪初创造的基础理念和原则仍然可以作为21世纪初学校的指导。

附录Ⅱ 道尔顿制对我国当前中小学教改的契合与启迪[①]

中国教育科学研究院　陈金芳

道尔顿制是20世纪20年代以来出现的一种以促进学生个性化学习、提升学生学习能力为主要特征的教育现象,其精髓是寓教于乐,培养无所畏惧的人。道尔顿制的理念、方法与我国当前中小学教改方向、内容高度契合,值得我们学习和借鉴。

一、道尔顿制的基本理念与核心要素

道尔顿制起源于美国道尔顿学校。道尔顿制问世近100年来,其生命力长盛不衰,在国际上产生了广泛影响。据国际道尔顿教育协会提供的数据,目前全世界道尔顿实验学校有200多所,同时国际上还有无数公立或私立中小学借鉴道尔顿制的理念和方法进行教改实践,均取得瞩目教改成效。

在美国纽约,有一所颇负盛名也颇具国际影响的学校———道尔顿学校,这是美国的精英名流包括美国总统都想把孩子送去学习的学校。美国道尔顿学校是由海伦·帕克赫斯特(HelenParkhurst,1887—1973)女士于1919年创办的一所12年一贯制私立学校,是一所由薄弱学校成长为世界名校的典范,也是美国中小学实施素质教育的典范。它创造了连续30多年来其毕业生全部被哈佛、耶鲁等美国一流大学录取的奇迹,其毕业生具备高度的创造力、想象力和意志力等优秀品质,深受美国父母的赞许和美国社会的欢迎。美国权威杂志《时代》周刊盛赞道尔顿学校为"哈佛熔炉",美国权威主流媒体《今日美国》称其为"天才教育的殿堂"。[②]

---

① 本文发表于《湖南第一师范学院学报》(2018年4月,第18卷第2期)。
② 见本书译者序,1页。

道尔顿制的创始人海伦·帕克赫斯特以蒙台梭利、杜威的教育思想及动机心理学为基础,创造性地提出了一套独具特色的教学组织形式或教学组织制度,一度成为美国进步教育运动的杰出代表。海伦·帕克赫斯特认为,道尔顿制是一种"教学重组方案",是对传统教学内容和教学方法的重构,其目标在于寓教于乐、培养无所畏惧的人。

　　美国道尔顿学校的校训是"Go Forth Unafraid"("勇往直前"或"无畏前行")。海伦·帕克赫斯特提出,要让学习变得像游戏一样吸引人,让教育像游戏一样寓教于乐,最终造就无畏的人类,使他们拥有最宽广而敏锐的理解力,这是我们的理想[①]。也就是说,道尔顿制的价值追求就在于培养无所畏惧的人,尤其是不畏惧改变(change)的人,而高度的创造力、想象力、意志力、团队合作精神等优秀素质只是其副产品。因而,培育学生的自信心与乐观的人生态度头等重要。一个内心充满恐惧、畏首畏尾、患得患失、求稳不思改变的人,不可能有积极的人生追求,因而是很难取得良好的学习成绩和工作业绩的,也是很难拥有美好人生的。

　　道尔顿制的基本理念是自由与合作。道尔顿制的所谓自由,主要是指让学生拥有尽可能多的自由时间和自由意志,让他们在教师的指导之下相对自由地支配学习时间、选择学习科目、选择适合他们个人的学习速度等,但这种自由并非放任自流,而是在有组织有纪律前提下的自由,是给予学生一定程度的选择自由与发展自由,有利于培养学生的自信心、健全的社会人格及自由精神。但中小学生的判断力与自控能力是有局限的,因而教师的引导作用不容忽视。

　　道尔顿制的所谓合作,亦可称之为群体生活的互动,指培养学生良好的社会适应能力、善于与他人共处的能力。这里所说的合作,主要指学生之间的合作、学生和教师之间的合作。在这种合作关系中,学生之间互帮互学,在同伴互助的过程中探索和解决问题;教师与学生之间平等互动,学生是教与学的主体,教师是学生的助手和朋友,这种合作关系使教师和学生得以形成学习共同体,教学相长,师生均

[①] 见本书,20页。

得以提升和发展。

道尔顿制的核心要素是学生之家(House)、学科教室(Assignment)、功课任务(Laboratory),其基本内容如下:

学生之家(House):高中之前为类似行政班的管理单元,高中阶段为混龄混年级的小社群。与传统意义上的"教室"概念有所不同,它是指学生分成小组的系统。在这里,不同年级、不同水平的孩子们可以一起讨论学校中或世界上发生的一些事情。这是一种方式,与在实验室解决问题的小组协作方式一道,目的是为了增进学生的公民概念,以弥补道尔顿计划中强调个人主义的不足。

学科教室(Laboratory):学科教室充分体现道尔顿教育自由与合作的教育理念,营造道尔顿教育特色的学习氛围,秉持"以学生为中心"的教育指导思想,把理论与小班化教育结合起来,将教室的设备与校、内外一切可利用的学习资源进行积极整合,为学生的学习活动提供空间与资源性支持。学科教室可以满足教师个别化教学、学生个性化学习的需求,为学生在学校内接受平等的教育提供最适合的环境与条件。

功课任务(Assignment):指目标明确的功课任务,也可译作"研究课题"。这是一种学生的自主性契约或学习工约,是在教师的指导下由学生自主制订的。教师依据学生个体的差异,在尊重学生意愿的基础上,与学生共同协商制订。该功课任务需以书面的形式明确,包括学习目标、学习内容、学习方法、学习步骤、学习评价、学习资源等方面。

上述道尔顿教学理念和核心要素使其教学组织形式颇具特色与成效,打破或部分打破班级制,不按铃声上课,实行个别化教学,学生一人一学习计划,学校管理扁平化,学生评价多元化。

二、道尔顿制高度契合我国当前中小学教改方向与内容

自20世纪80年代中期以来,我国教育界同仁已开始关注道尔顿制的理念和方法,陆续有多个机构和个人前往美国道尔顿学校参观考察。2005年,《道尔顿教育计划》中译本正式出版,受到教育界广泛关注。近年来,我国涌现出了一大批在教学实践中借鉴道尔顿

教育理念和方法取得显著教改成效的学校,诸如北京大学附属中学、北京十一学校、清华附小、上海复旦附中、吴淞中学等。

道尔顿制的理念与方法为什么能为我国当前的教育改革和发展提供有效借鉴,主要有以下几点缘由:

第一,道尔顿制产生的背景与我国始于20世纪80年代中期的教育改革——倡导素质教育——的背景极其相似!第一次世界大战以后,美国的经济、文化飞跃发展,教育亦有较大发展,但教育的滞后与弊端也有目共睹:刻板、专制、以老师为中心的教育使学生只能静坐听讲,死记硬背,造成了学生各种能力的低下与创造力缺失。然而,国家要面对迅速工业化和人口都市化快速增长所引发的实际问题,人们普遍感到要有新型学校以新的教学方式满足新时代对公民素质和人才的要求。当前,中国特色社会主义进入了新时代,是决胜全面建成小康社会、进而全面建设社会主义现代化强国的时代。社会主要矛盾的转化必然对教育提出新的要求。国家的富强,民族的复兴,越来越依赖于高素质的劳动者和大量的创新人才,越来越依赖于教育的质量、公平和效率。但由于种种原因,我国目前的教育仍然积弊重重,应试教育并未得到根本扭转,改革势在必行。既然两国不同时代的教育改革具有极其相似的背景,那么,别国已经卓见成效的教育理念、方法及经验就必有可借鉴之处。

第二,道尔顿制所倡导的教育目标与我国素质教育倡导的目标基本趋同:强调让学生得到全面发展、主动发展与生动活泼地发展。多年来,我国党和政府明确提出要全面推进素质教育,并提出要把培养学生的创新精神和实践能力作为素质教育的重点。然而,如何落实素质教育?如何培养学生的创新精神和实践能力?这是摆在广大教育工作者面前的重大课题。目标是行为的方向或指南,既然目标近乎一致,那么行为方式就必然可以借鉴。

第三,道尔顿制与我国新课程改革提出的自主学习、合作学习、探究式学习的教改内容完全一致。道尔顿制以促进学生自主学习为主要特征,合作学习、探究式学习是其常态方式。更重要的是,道尔顿制将学生的自主学习、合作学习、探究式学习方式落到了可操作层面上,创造性地提出了一套独具特色的教学组织形式或教学组织制度,学生可以根据自己的兴趣与学习速度进行选课走班,甚至不受铃声的限制,给予学生较大的学习选择性与主动性。也就是说,学校根据学生自身的天赋、基础、兴趣、生涯愿景以及周围环境的影响等因素,对学生进行量身定做,因材施教。

第四,道尔顿制可资成为我国中小学实施选课走班制的学习样板。近年来,尤其是我国高考、中考新政颁布以来,中小学选课走班势在必行。选课走班在欧美教育发达国家并不新鲜,教育教学水准较高的学校都在不同程度地实施选课走班制。由于长期以来我国的中小学课程、教学体系设置大多沿用了源自苏联的固定班级的教学组织形式,所以,选课走班制在我国倒成了新生事物。美国的道尔顿学校从1919年建校伊始就开始实施选课走班制,根据不同学段学生的身心成长特点进行不同程度的选课走班,重构了教与学的内容和方法,成效十分显著。

第五,道尔顿制的亮点与素质教育的重点正巧吻合。道尔顿制的亮点在于十分注重培养学生的创造能力。正如作者所言:"我所贡献出来的,不过是发展教师和学生创造能力之教育的初步。"[①]道尔顿制不仅能使资质优秀的学生得到充分发展,也能使资质平常的学生得到超水平发挥,甚至成为天才学生。其秘密就在于他们注重激发孩子的兴趣、鼓舞孩子的精神、发掘孩子的潜能,使孩子拥有充分自信,使其成为一个独特的、无可替代、充满创造力的人。

三、道尔顿制对我国当前中小学教改的启迪

道尔顿学校的前任校长理查德·布卢姆索先生在《道尔顿计划在21世纪中的角色》一文中指出,明天的学校将与20世纪20年代的学校截然不同,但奇怪的是,我们当今所处的时代与道尔顿教育诞生之时的美国有着许多相似之处,因此,他希望,一些20世纪初创造的基础概念和原则仍然可以作为21世纪学校的指导。

美国道尔顿学校的成功经验表明,其教学理念和方法是符合教

---

① 见本书,112页。

育规律和儿童少年成长规律的,其特色和卓著成效已获得广泛国际影响,也得到了我国中小学教改先行者的认同与追随。道尔顿制对我国当前中小学教改的启迪主要体现在以下几个方面:

第一,充分尊重学生的成长规律。现代心理学研究表明,儿童青少年的身心发育是分阶段的,处于不同年龄段的儿童青少年具有不完全相同的身心发育特点及思维特点;同一发展阶段的每个青少年其身心发育状况和思维方式也不完全相同。从美国道尔顿学校的教学实践来看,其教学管理体制完全认同上述观点,即不仅尊重儿童青少年发展的一般特点,同样尊重每个儿童青少年发展的个体差异。从尊重儿童青少年发展的一般特点而言,美国道尔顿学校对课程、课业负担和教学组织形式的安排完全是循序渐进的。美国道尔顿学校的小学低年级(1—3年级)采用包班制,两个教师负责一个班级,除了个别特色课程,绝大部分教学任务及其他工作由两位老师完成。学生基本以"玩"为主,或在"游戏"中学习,户外活动时间较多,家庭作业很少(不超过10分钟)。学习内容以英语、体育、小制作为主,数学仅在加减乘除四则运算范围之内。其教室的空间布置也很符合小学生年龄阶段的身心特点,四周墙壁五颜六色,贴满了包括英文字母、单词、数字、图画和学生作业在内的各种形象作品;教室里除了多媒体计算机、打印机、电视、录像、录音、投影、屏幕、教学软件等现代化设备以外,还堆放着一些儿童玩具、卡通图书等;教室里往往放着两张或三张符合学生身高的大桌子,黑板或投影屏幕前面放着一张柔软的大地毯,学生每人一只带靠背的小凳子,小凳子可以随意移动,可以围桌而坐、可以围着地毯坐(或直接坐在地毯上)听老师讲课。孩子们看上去非常健壮、活泼、快乐,鲜有戴眼镜、驼背者,书包总是轻飘飘。4—8年级采用行政班与教学班并存模式,只是部分放开选课走班,学生比低年级学生的学习任务和课业负担略有加重,家庭作业一般在30分钟左右,仍然闲暇时光较多,大多用于户外活动、体育活动和课外阅读。9—12年级(高中生)采用全开放式选课走班制,同时也是学分制,学生的学习压力和课业负担明显加重,家庭作业在1小时以上,学习内容还包括大学先修课程(AP课程)。

第二,努力促进学生的全面发展和个性发展。道尔顿制文理不分科,课程的结构合理,知识面广,其课程设置和教学设施均有利于促进学生的全面发展。他们一方面注重培养、训练学生掌握基础的科学文化知识,另一方面又注意提高学生的道德情操、身体素质和审美趣味。对学生的道德情操、公民意识和社会责任感的培养往往渗透在教育的全过程中,尤其是通过历史、哲学、社会科学等课程来实现,也通过与社会生活的联系来实现,如利用美国的各种纪念日、纪念馆、总统选举、社区服务等事项来进行。这与美国高校招生不仅看学生的考分,更要看学生的综合素质密切相关。走进美国的道尔顿学校,正如走进了一个丰富多彩的世界,除了各具特色的学科教室、学生活动室,还有不同种类的各种图书室、木工室、陶艺室、缝纫室、演讲室、音乐室、绘画室、戏剧社、视觉艺术中心等。学校并不要求每个学生达到某一共同规定的优秀标准,而是注重人尽其才,帮助学生建立自信,充分发展学生的潜能,努力发现学生的"亮点",让学生相信自己有能力使自己变得更好,让学生的特长得到最大程度的发挥。

第三,注重培养学生的创新性思维。对学生创新能力的培养关键在于对学生创新性思维方式的培养。一个人只有具备创新性思维方式,才能提高其发现及解决问题的能力。创新性思维主要包括批判性思维和发散性思维。批判性思维即不迷信、不盲从,凡事独立思考,勇于提出自己的想法,有理有据,辩证地看待问题;批判性思维只是创新性思维的一个方面,创新性思维更主要地表现在发散性或开拓性思维,这是一种不依据常规、寻求变异、多角度寻求答案的一种思维方式。在美国道尔顿学校,根本见不到背标准答案和打"题海战术"的现象,该校的老师们认为这么做等于是浪费时间,而且还僵化学生的思维方式。他们认为,学生在学习中有两点比死记硬背更重要,一是他要知道到哪里去寻找他所需要的比他能够记住的多得多的知识;再一个是他综合使用这些知识进行新的创造的能力。他们的课堂教学组织形式都是小组式的,一间教室摆放 2—3 张大桌子,学生每人一只可以随意移动的凳子,可以随意自由组合成一个学习小组。课堂气氛很活跃,学生可以随时提出自己的问题,老师总是给每个孩子提供思考、创造、表现及成功的体验机会,总是鼓励学生通过自己动脑筋思考找到解决问题的办法。无论课堂作业还是家庭作业,一般没有固定的标准答案,学生都要通过自己查找资料和独立思考来完成。老师从来不会批评学生的奇思异想,而是充分鼓励和引导。

总之,道尔顿制与我国新时代的教改方向和教改内容高度契合,对其先进的理念和方法,我们可以学习、可以借鉴,但切忌生搬硬套,同样要反对本本主义,必须结合中国的国情和实际,尤其是文化背景。事实上,即使是美国的道尔顿学校,其教学组织形式也并非一成不变,由于科学技术的进步、国家教育方针的调整,其课程、教材、教学组织、技术手段等方面都有相应的调整。

好书分享

大学之道丛书

大学之用
教师的道与德
高等教育何以为高
哈佛大学通识教育红皮书
哈佛,谁说了算
营利性大学的崛起
学术部落与学术领地
高等教育的未来
知识社会中的大学
教育的终结
美国高等教育通史
后现代大学来临?
学术资本主义
德国古典大学观及其对中国的影响
美国大学之魂(第二版)
大学理念重审
大学的理念
现代大学及其图新
美国文理学院的兴衰
大学的逻辑(第三版)
废墟中的大学
美国如何培养硕士研究生
美国高等教育史(第二版)
麻省理工学院如何追求卓越
美国高等教育质量认证与评估
高等教育理念
印度理工学院的精英们
21世纪的大学
美国公立大学的未来
美国现代大学的崛起
公司文化中的大学
大学与市场的悖论
高等教育市场化的底线
美国大学时代的学术自由
理性捍卫大学
美国的大学治理
世界一流大学的管理之道(增订本)

21世纪高校教师职业发展读本

如何成为卓越的大学教师(第二版)
如何提高学生学习质量
学术界的生存智慧(第二版)
给研究生导师的建议(第二版)
给大学新教员的建议(第二版)
教授是怎样炼成的

学术规范与研究方法丛书

如何进行跨学科研究
如何查找文献(第二版)
如何撰写与发表社会科学论文:国际
　刊物指南
如何利用互联网做研究
社会科学研究方法100问
社会科学研究的基本规则(第四版)
参加国际学术会议必须要做的那些事
　——给华人作者的特别忠告
如何成为学术论文写作高手
　——针对华人作者的18周技能强化训练
给研究生的学术建议(第二版)
生命科学论文写作指南
如何撰写和发表科技论文(第六版)
法律实证研究方法(第二版)
传播学定性研究方法(第二版)
学位论文写作与学术规范(第二版)
如何写好科研项目申请书
如何为学术刊物撰稿(第三版)(影印版)
如何成为优秀的研究生(影印版)
教育研究方法:实用指南(第六版)
高等教育研究:进展与方法
做好社会研究的10个关键

博物文库

无痕山林
大地的窗口
探险途上的情书

风吹草木动
亚马逊河上的非凡之旅
大卫·爱登堡的天堂鸟故事
蘑菇博物馆
贝壳博物馆
甲虫博物馆
蛙类博物馆
兰花博物馆
飞鸟记
奥杜邦手绘鸟类高清大图
日益寂静的大自然
垃圾魔法书
世界上最老最老的生命
村童野径
大自然小侦探
与大自然捉迷藏
鳞甲有灵
天堂飞鸟
寻芳天堂鸟
休伊森手绘蝶类图谱
布洛赫手绘鱼类图谱
自然界的艺术形态
雷杜德手绘花卉图谱
果色花香：圣伊莱尔手绘花果图志
玛蒂尔达手绘木本植物
手绘喜马拉雅植物

西方心理学名著译丛

记忆〔德〕艾宾浩斯
格式塔心理学原理〔美〕考夫卡
实验心理学（上、下册）〔美〕伍德沃斯 等
思维与语言〔俄〕维果茨基
儿童的人格形成及其培养〔奥地利〕阿德勒
社会心理学导论〔英〕麦独孤
系统心理学：绪论〔美〕铁钦纳
幼儿的感觉与意志〔德〕蒲莱尔
人类的学习〔美〕桑代克
基础与应用心理学〔德〕闵斯特伯格
荣格心理学七讲〔美〕霍尔 等

其他图书

如何成为卓越的大学生〔美〕贝恩
世界上最美最美的图书馆〔法〕博塞 等
中国社会科学离科学有多远 乔晓春
国际政治学学科地图 陈岳 等
战略管理学科地图 金占明
文学理论学科地图 王先霈
大学章程（1—5卷）张国有
道德机器：如何让机器人明辨是非〔美〕瓦拉赫 等
科学的旅程（珍藏版）〔美〕斯潘根贝格 等
科学与中国（套装）白春礼 等
彩绘宋词画谱（明）汪氏
如何临摹历代名家山水画 刘松岩
芥子园画谱临摹技法 刘松岩
南画十六家技法详解 刘松岩
明清文人山水画小品临习步骤详解 刘松岩
我读天下无字书 丁学良
教育究竟是什么？〔英〕帕尔默 等
教育，让人成为人 杨自伍
透视澳大利亚教育 耿华
游戏的人——文化的游戏要素研究〔荷兰〕赫伊津哈
中世纪的衰落〔荷兰〕赫伊津哈
苏格拉底之道〔美〕格罗斯
全球化时代的大学通识教育 黄俊杰
美国大学的通识教育 黄坤锦
大学与学术 韩水法
国立西南联合大学校史（修订版）西南联合大学北京校友会
发展中国家的高等教育〔美〕查普曼 等